O FILHO REJEITADO

A busca de um homem por esperança e um lar

R. B. Mitchell

Vida

Vida
Editora Vida
Rua Isidro Tinoco, 70 Tatuapé
CEP 03316-010 São Paulo, SP
Tel.: 0 xx 11 2618 7000
Fax: 0 xx 11 2618 7030
www.editoravida.com.br

Todas as citações bíblicas e de terceiros foram adaptadas segundo o Acordo Ortográfico da Língua Portuguesa, assinado em 1990, em vigor desde janeiro de 2009.

Editor responsável: Marcelo Smargiasse
Editor-assistente: Gisele Romão da Cruz Santiago
Tradução: Maria Emília de Oliveira
Revisão de tradução: Andrea Filatro
Revisão de provas: Josemar de Souza Pinto
Diagramação: Claudia Fatel Lino e Karine P. dos Santos
Capa: Arte Peniel

1. edição: out. 2012

Dados Internacionais de Catalogação na Publicação (CIP)
(Câmara Brasileira do Livro, SP, Brasil)

Mitchell, R. B.
O filho rejeitado : a busca de um homem por esperança e um lar
R. B. Michell; [traduzido por Maria Emília de Oliveira]. — São Paulo: Editora Vida, 2012.

Título original: *Castaway Kid: One Man's Search for Hope and Home*
Bibliografia
ISBN 978-85-383-0254-4

1. Crianças — Cuidados institucionais — Estudos de caso 2. Histórias de vida 3. Órfãos 4.Órfãos — Condições sociais I. Título.

12-11439 CDD-362.73092

Índices para catálogo sistemático:

1. Órfãos : História de vida 362.73092

Aos solitários que se feriram ou foram feridos por abuso ou apatia de outras pessoas — e àqueles que oram sem cessar, tentando levar esperança aos outros.

Sumário

Agradecimentos

A Deus, que me leva além da imaginação quando ouço com atenção.

A Susan, minha esposa e auxiliadora: sua beleza exterior é ofuscada por sua beleza interior inteligente, sensível e carinhosa, que me dá continuamente forças para enfrentarmos a jornada juntos.

A Alicia e Luke: ser pai de vocês é a alegria da minha vida.

A Paul: antes apenas um colega temporário, hoje um irmão.

Aos meus parentes de Rockford: Art, Paul, Marge e "as meninas".

A Joe e Mary Davis, falecidos: pais de Susan e sogros maravilhosos.

E agradeço também...

A todos em Princeton não mencionados neste livro, mas que colaboraram: Carol, Colleen, George, Helen, John, Ralph e Tim, bem como as famílias Swanson e Malm.

Ao pessoal da faculdade: os Eds, Barbie, David, Doug, Gerry, Jimmy, John, Kate e o grupo de jovens New Garden.

Aos missionários Ruth e Brad Hill, e Jan e Bob Thornbloom. *Mbote!*[1]

Aos homens que me ajudaram o tempo todo a ser uma pessoa responsável: Barry, Jay, Pete e Steve.

Aos homens do CBMC [Christian Business Men's Connection], principalmente Pat O'Neal.

---

[1] Gíria Ntuzu para algo como "Abundante!". [N. do R.]

Às Cathys da Chick-fil-A e à sua organização de crianças em risco, a Fundação WinShape.

Aos membros da organização Kiwanis que resgatam crianças em risco e me convidam a ajudar.

Aos Red Pen Partners de Massachusetts.

A Dotty Hoots e seus alunos da Wesleyan Academy, os melhores.

A Phil Downer, do DNA Ministries, e ao nosso companheiro Ken Walker, pelo encorajamento que me deram.

A Ronda, Ruth e Vivien, que mantêm as coisas em funcionamento.

A Nanci e John, os meus orientadores na *Focus*.

E a Barbara Winslow Robidoux, treinadora em redação que se tornou também minha amiga.

Esta história é verdadeira?

Este é um livro de esperança. Mesmo assim, em razão dos recentes acessos de ira causados por lembranças que continham "fatos" questionáveis, é válido perguntar se esta história é realmente verdadeira.

Ao falar em uma reunião social organizada com o propósito de arrecadar fundos para a Covenant Chidren's Home no início da década de 1990, soube pelo diretor que, por nunca ter vivido sob a custódia do Estado, eu tinha acesso total ao meu prontuário. Juntei um bom número de documentos para os meus registros, pensando: *Se você alguma vez escrever um livro, as pessoas vão achar que inventou esta história.*

No entanto, todos os eventos narrados aqui ocorreram. Do mesmo modo que me recordo deles tanto quanto possível, outros adultos envolvidos também se lembraram dos fatos e os documentaram em anotações como assistentes sociais, em entrevistas gravadas e no diário de minha avó Gigi.

Pelo fato de poderem contar suas histórias quando e se desejarem, não revelei o nome completo das outras crianças do abrigo — exceto uma, de quem obtive permissão. Nenhum nome neste livro foi inventado, embora alguns sejam apelidos.

Dizem que tenho uma memória inusitadamente acurada. Ninguém se lembra dos fatos com perfeição, é claro, mas os relatos registrados neste livro reproduzem a essência de cada situação e cada palavra dita o mais próximo possível da realidade. Todos os adultos vivos aqui citados, com os quais consegui ter contato, confirmaram as minhas lembranças dos eventos nos quais estiveram envolvidos.

Sim, esta história de esperança é verdadeira. Outros detalhes estão disponíveis em inglês em: <www.amillionlittleproofs.com>.

"O caráter,
não as circunstâncias,
faz o homem."

BOOKER T. WASHINGTON
Escravo que se transformou em educador

/ 1 /
Rejeitado

IMAGENS OBSCURAS E INDISTINTAS FORMAM a maioria das lembranças da minha primeira infância. Mas há uma imagem bastante clara e nítida.

O medo marcou-a permanentemente com fogo no cérebro daquele menino de 3 anos de idade.

Mamãe e eu estávamos em frente a um grande edifício. Pilhas de neve cobriam a beira da calçada.

— Vamos, Robby — mamãe diz, arrastando-me para que eu subisse a escada até a porta da frente. — Eles estão nos esperando.

Em seguida, estamos em um quarto estranho. Não sei por quê. Sons e sombras lúgubres fazem-me chorar de mansinho quando acordo durante a noite. Mamãe pede silêncio.

Uma campainha toca alto e me desperta. O sol brilha, e as sombras assustadoras desaparecem. Os sons estranhos da última noite se transformam em sons de correria e risadas.

Tomamos o café da manhã em uma grande sala com muitas crianças, mas elas parecem não nos ver. Quando terminamos, mamãe me leva para cima. Uma senhora, cujo nome desconheço e que usa um vestido comprido e escuro, vem ao nosso encontro.

— Por que você não vai até ali brincar? — ela pergunta, apontando para um canto onde um menino monta blocos para fazer uma construção.

Não saio do lugar.

— Faça o que ela diz, Robby — mamãe ordena.

Agarrado à perna da minha mamãe, hesito. Ela solta minha mão, agarra-me pelo braço e me arrasta até o cantinho dos brinquedos. Força-me a sentar no chão, encarando o garoto diante de mim.

Estico o braço para pegar um bloco, mas o garoto o pega antes. Quando ele começa a levar os outros brinquedos para longe de mim, viro a cabeça para reclamar.

Somente a senhora desconhecida está ali.

Mamãe foi embora.

— Sua mãe teve de ir ao hospital, Robby — a mulher me diz. — Pegou o trem de volta a Chicago. Voltará para ver você quando estiver melhor.

A boca da mulher continua a movimentar-se, mas eu não ouço o que ela diz. Quando finalmente entendo que mamãe me abandonou, começo a choramingar.

— Pare com isso, Robby — a mulher ordena. — Distraia-se com os brinquedos.

— Eu quero minha mãe! — grito. — Eu quero meu pai. Eu quero a vovó Gigi. Eu quero ir para casa! — os gritos transformam-se em soluços altos enquanto corro em direção à porta. Tento abri-la, mas não consigo girar a maçaneta.

— Se não parar de chorar, Robby, vou bater em você! — a mulher avisa.

— Eu quero ir para casa! Eu quero ir para casa! — grito, atirando-me ao chão e esperneando.

O acesso de raiva faz a mulher perder a paciência. Ela me levanta com força do chão e me espanca várias vezes. Finalmente, cerro os dentes e engulo o choro.

Ela para, mas eu continuo fungando.

Naquela noite, as outras crianças não dão a mínima para mim.

Quando a manhã chega e eu acordo, minha cama está molhada. A mulher ralha comigo.

Depois do café da manhã, ela cobre o colchão com um lençol marrom de borracha e coloca por cima outro lençol da mesma cor e tecido, e me obriga a permanecer deitado entre eles a manhã inteira.

Os lençóis de borracha são quentes. Fazem barulho quando me movimento.

"O bebê fez pipi", alguns garotos cantarolam. "O garoto novo fez pipi." Sinto vergonha, mas tenho muito medo de dizer alguma coisa.

O barulho dos lençóis marrons me rotulou como um menino mau e diferente.

Diferente dos outros garotos do lugar onde mamãe me abandonou.

•◆•

Nas semanas e nos meses seguintes, não recebi nenhuma notícia da minha mãe. Mas da vovó Gigi chegou algum alívio.

Não sei como nem quando ela descobriu onde eu estava. No entanto, assim que soube, passou a pegar o trem em Chicago todos os sábados para me visitar na pequenina cidade agrícola de Princeton, Illinois.

Gigi tinha mais de 60 anos, era divorciada e pobre. Morava sozinha em um apartamento minúsculo e trabalhava no escritório da grande loja de departamentos Marshall Field's no centro da cidade. Minha mãe, Joyce Mitchell, era filha única; e eu, o único neto de Gigi.

Para Gigi, não era fácil me visitar. Significava sair de manhã de seu apartamento na região norte da cidade, andar quatro quarteirões a pé na Ridge Boulevard até a Rua Howard, e pegar um ônibus até a Estação Howard — depois pegar o trem elevado da Linha Vermelha para Belmont, mudar para a Linha Roxa para chegar a Adams e Quincy e andar vários quarteirões a pé até a Estação União. Lá, ela pegava o trem conhecido como California Zephyr e viajava por duas horas até Princeton. Ao chegar por volta das 10 horas, ainda precisava enfrentar mais cinco quarteirões de caminhada até o Covenant Children's Home.

Quando finalmente me via, Gigi se ajoelhava e esperava que eu corresse em sua direção. Não sei como, mas ela conseguia equilibrar-se quando eu me atirava em seus braços. Abraçando-me com força, ela exalava um cheiro bom. Sempre elegante, usava um vestido modesto, porém agradável à vista, que cobria seu corpo de estatura média, acompanhado de brincos, colar, meias de náilon, sapatos de salto alto e um chapéu com pingentes em forma de caracol, curtos e escuros, presos na aba.

— Que novidades você aprendeu desde que estive aqui a última vez? — ela sempre perguntava. Eu lhe contava tudo o que me passava pela cabeça, depois a puxava orgulhosamente até o *playground* para mostrar-lhe minha última façanha.

Também ficava orgulhoso quando ela dizia "oi" aos outros meninos e os chamava pelo nome. As crianças sentem-se especiais quando alguém lembra quem elas são.

Perto do meio-dia, Gigi e eu íamos a pé até um pequeno restaurante nas redondezas. Ela pedia café e raramente almoçava. Esperava que eu examinasse o cardápio e depois dizia: — Que tal um hambúrguer e um bom copo de leite? Para sobremesa, vamos pedir sorvete. — Aquelas palavras sempre soavam bem aos meus ouvidos.

No entanto, o tempo passava rápido e logo eram 14 horas. Gigi tinha de dizer adeus para pegar o trem das 15 horas de volta à cidade.

— Gigi, quero ir com você — eu implorava. — Por favor, Gigi, quero ir com você!

Ela se ajoelhava novamente no chão, com lágrimas nos olhos, dizendo sempre a mesma coisa. — Robby, querido, você é meu neto precioso.

Sinto muito, mas não posso levar você comigo. Sinto muito, mas os seus pais estão muito doentes para cuidar de você. Guarde o meu amor no coração. Ele sempre estará aí.

Eu não entendia o que ela queria dizer. Só sabia que o amor parecia preencher-me plenamente a cada sábado que ela me visitava. E, depois de sua partida, eu me sentia vazio e sozinho.

O tempo foi passando. Em pé do lado de fora da porta do abrigo, eu a via partir. Braços cruzados com as mãos nas axilas, eu balançava o corpo ligeiramente da esquerda para a direita.

Por que você não me leva para casa?, eu chorava em silêncio. *Vou ser um bom menino, Gigi. Prometo. Não vou comer muito! Por favor, por favor, não me deixe aqui.*

Finalmente ela desaparecia da minha vista turvada pelas lágrimas.

E a única pessoa que restava para me abraçar era... eu mesmo.

/ 2 /

Os meninos

NÃO SEI BEM QUANTOS MESES se passaram até eu parar de molhar a cama, mas os lençóis de borracha desapareceram pouco antes de Nola chegar. Com 29 anos de idade e sem nunca ter-se casado, a nova mãe do abrigo era uma mulher eficiente e determinada, e trazia um sorriso largo e olhos sempre brilhantes.

Em geral, usava vestidos longos e simples ou uma blusa e calça capri, óculos do tipo gatinho, nenhuma joia, e os cabelos curtos sempre ondulados e escuros. Quando alguém perguntava por que, ela respondia, sorrindo: "Não tenho tempo para me preocupar com os meus cabelos e, ao mesmo tempo, cuidar de uma dúzia de pirralhos travessos!". Eu acabei apaixonado por ela!

Nola era rápida em sorrir e abraçar. Dava algumas palmadas em nós quando necessário, mas somente por um bom motivo e com muito amor. Seu entusiasmo constante ajudou a preencher um pouco do vazio no meu coração.

Isso permitiu que eu me concentrasse em conhecer as redondezas onde passara a morar.

O Covenant Children's Home localizava-se em um triângulo de 8 hectares no extremo norte de Princeton. Plantações de milho e soja contornavam um dos cantos da propriedade, e um campo aberto contornava o outro.

O prédio principal continha as unidades de dormitório, o departamento administrativo, um salão de refeições e uma sala para receber visitas. Uma estrutura menor abrigava a lavanderia no piso superior e a sala de caldeiras no piso inferior. O celeiro, o galinheiro e a horta ficavam um pouco mais distantes.

A gigantesca área de recreação, bem protegida, dava fundos para a Rua Elm. Havia balanços enormes, um carrossel, espaço para jogar peteca, quadra de basquete, escorregadores e um campo de beisebol. Para mim, era fascinante ver o enorme local de brinquedos em forma de caminhão de bombeiro com argolas para ginástica, barras de exercício, escorregadores espirais e escadas de todos os tamanhos. Mas eu não era tão corajoso a ponto de subir muito alto.

Havia quatro unidades: Meninos Pequenos, Meninas Pequenas, Meninos Grandes e Meninas Grandes. O segundo andar do prédio menor abrigava os Meninos Grandes. As meninas Grandes e as Meninas Pequenas moravam no terceiro andar, e os Meninos Pequenos ocupavam o segundo andar.

Na unidade dos Meninos Pequenos moravam de 8 a 16 meninos menores de 10 anos. Nola vivia conosco na unidade e dispunha de um quartinho e um banheiro privativos.

Não havia, porém, nada privativo no nosso banheiro. Havia dois exemplares de cada coisa, tudo em branco — madeira pintada de branco para colocar papéis higiênicos brancos, ladrilho branco, banheiras brancas de ferro fundido e pias brancas instaladas um pouco mais perto do piso para facilitar o alcance.

Havia uma sala de estar enorme com carpete industrial, dois sofás pesados, algumas cadeiras rústicas e duas mesas grandes destinadas a deveres escolares, desenhos e jogos. O aparelho de TV marrom, maior que eu, tinha antenas em forma de orelhas de coelho para receber as imagens de umas poucas emissoras.

Nos quatro dormitórios, havia camas de solteiro de ferro sobre um piso de linóleo preto. Um quarto tinha três camas; outro, cinco; e os outros dois, quatro.

Uma cômoda de carvalho com várias gavetas completava cada quarto. Cada um de nós tinha uma gaveta exclusiva para si, escolhida de acordo com a altura da criança. Minha gaveta era a inferior, já que, aos 3 anos, eu era o mais baixo da turma.

Aquela gaveta, fiquei sabendo, era reservada para tesouros escondidos. O simples fato de espiar a gaveta de outro menino significava ser alvo de chacota de todos os colegas de quarto. Minha gaveta continha, em grande parte, pedras e penas bonitas que eu encontrava no *playground*. Eu olhava para elas pelo menos uma vez por dia para ver se continuavam ali. Alguns meninos nunca abriam a gaveta deles.

Era muito difícil saber o paradeiro das pessoas. Algumas crianças chegavam e iam embora; havia pouco tempo para fazer amizades. Algumas permaneciam por apenas um dia ou dois. Outras ficavam ali por alguns meses ou mais. Quase sempre chegavam zangadas, confusas e frustradas.

Não adiantava querer fazer parte de um grupo. Morávamos juntos, mas cada um se sentia sozinho.

Os funcionários tentavam lidar com a grande variedade de históricos de vida e emoções. Para manter a ordem, regras estritas eram estabelecidas e seguíamos uma rotina diária.

No início da manhã, por exemplo, ninguém tinha permissão para sair da cama enquanto o sino não tocasse. Podíamos sentar na cama. Podíamos conversar. Podíamos balançar as pernas na lateral da cama. Mas não podíamos pôr os pés no chão. Se Nola passasse por um dos quartos e visse um dedo do pé no chão antes do toque do sino, era encrenca na certa.

Exatamente às 7 horas, o sino tocava e a unidade toda entrava em ação. Pulávamos da cama e as arrumávamos rapidamente para satisfação de Nola. Depois, corríamos até o banheiro onde nos contorcíamos enquanto aguardávamos o momento de usar os toaletes compartilhados.

Escovávamos os dentes, lavávamos o rosto na pia com dois colegas ou mais e corríamos para nos vestir. Era uma cena de selvageria ver um grupo de 8 a 16 meninos correndo freneticamente em direção ao vestiário e esforçando-se para vestir a roupa do dia que Nola deixava no chão na frente de cada armário.

Os armários não tinham portas, apenas laterais de madeira embutidas na parede e pintadas de uma cor que me fazia lembrar sopa de ervilha. Eram amplos e fundos, permitindo que subíssemos neles e nos escondêssemos atrás das roupas. Por algum motivo, havia um espaço entre a parte inferior dos armários e o chão; era lá que guardávamos nossos pares de sapatos, um ou dois para cada criança. Uma vez que muitos meninos se apresentavam apenas com a roupa do corpo, poucos tinham cabides para pendurá-la.

A maioria das roupas era de segunda mão, entregues pelos habitantes da localidade cujos filhos haviam crescido ou doadas por lojas de roupas ou grupos da igreja. As camisas dos Meninos Pequenos pareciam ser feitas de flanela ou eram simples camisetas brancas. As calças raramente serviam; por isso, na maior parte do tempo, usávamos suspensórios para mantê-las no lugar. Nola enrolava para cada menino as barras das calças que eram compridas demais.

Assim que estávamos completamente vestidos, empurrando-nos como gentalha, marchávamos em fila atrás de Nola rumo ao salão de refeições para tomar o café da manhã — que era sempre servido às 7h30. A hora da refeição era uma obrigação, não um evento social. A maioria de nós engolia a comida em cinco minutos. Por motivos que nunca foram esclarecidos, éramos forçados a permanecer sentados pelo menos durante dez minutos.

Após o café da manhã, os meninos do ensino fundamental eram enviados às escolas públicas em Princeton dentro de um ônibus feio, amarelo, com um grande e embaraçoso letreiro: COVENANT CHILDREN'S HOME. A Escola de Ensino Fundamental Douglas situava-se apenas a alguns quarteirões de distância, portanto alguns funcionários acompanhavam as crianças menores na ida e na volta.

Por ser a criança mais nova aceita pelo abrigo depois de muito tempo, quase sempre eu era o único que não frequentava escola. Adorava ter Nola só para mim. Andando atrás dela como um cãozinho feliz, eu a ajudava a separar as roupas sujas para serem levadas à lavanderia. Ela colocava algumas dentro de uma fronha que eu arrastava orgulhosamente escada abaixo. Eu passava pela porta, atravessava a quadra de basquete e subia outro lance de escada até a lavanderia com suas enormes lavadoras e secadoras.

Para que eu não me enroscasse no tapete da lavanderia, Nola me colocava em cima de uma mesa de onde eu podia ver o pessoal lavando roupas e lençóis das 60 crianças e dos funcionários. Sempre havia voluntárias da Igreja Covenant; elas se autointitulavam mulheres da "Covy". Eu as via tirando um punhado de roupas e lençóis quentes das secadoras. Em seguida, as roupas seguiam em cestos com rodinhas para mesas compridas, onde eram separadas e dobradas.

As mães do abrigo não lavavam roupa, mas Nola insistia em passar as nossas camisas a ferro nos sábados. Quando alguém perguntava por que Nola não deixava essa tarefa a cargo de uma "mulher da lavanderia", ela dava uma resposta firme: "Eu não me importo. Alguns meninos são alérgicos a goma e outros gostam muito, por isso faço a vontade deles. Não há problema, e eles precisam de um carinho especial na infância".

Nos dias em que as mulheres da lavanderia estavam de bom humor, e depois que a maioria do trabalho havia terminado, eu esperava o momento em que Nola não estava olhando — e mergulhava de cabeça no cesto de lençóis limpos e aquecidos.

— Onde você está, Robby? — ela se exasperava em tom de brincadeira. — Aonde você foi? Ah, minha gente, onde está aquele menino? — Nola enfiava as mãos na pilha de lençóis como se estivesse procurando algo, e o cesto balançava enquanto eu tentava abafar o riso.

Finalmente ela me pegava pelos tornozelos e me puxava, de cabeça para baixo, guinchando como um porquinho feliz. — Você estava aí — ela ria toda contente. — Pensei que nunca mais encontraria você!

Nola, porém, deixava de ser só minha quando os outros meninos voltavam da escola. Eles entravam fazendo algazarra, jogavam os livros em qualquer lugar e se sentavam para comer bolachas e tomar suco. Alguns brincavam e outros realizavam algumas tarefas domésticas enquanto Nola revia os deveres de casa e as notas dadas pelos professores. Em pé sobre os quadrados vermelhos e pretos do linóleo dispostos alternadamente, cerca de 60 crianças e 6 adultos oravam rotineiramente antes de cada refeição: "Deus é grande; Deus é bom. Devemos ser gratos a ele pela nossa comida. Amém". Todos cantavam em voz alta, mas o tom era o de uma ladainha: "Já fizemos isto mais de mil vezes".

Barulho e confusão não faltavam a seguir. Os meninos se acotovelavam ou faziam caretas para as meninas. Cadeiras eram arrastadas. Eu tentava afastar um pouco da mesa minha pesada cadeira de carvalho para poder subir nela, mas ficava enroscado. Frustrado e constrangido por ser muito pequeno para arrastar a cadeira para mais perto da mesa, eu esperava que Nola a empurrasse para mim.

Eu não via a hora de crescer para fazer aquilo sozinho. Ou, melhor ainda, para fazer os que os Meninos Grandes faziam — passar uma das pernas por cima do espaldar da cadeira e sentar-se como se fosse um *cowboy* montado em um cavalo.

Após o jantar, a rotina continuava. Os meninos mais velhos iam cada um para seu quarto a fim de fazer os deveres de casa enquanto Nola preparava os mais novos, inclusive eu, para dormir. Nas quartas-feiras e sábados à noite os banhos eram obrigatórios. Resmungávamos; para nós, tomar banho duas vezes por semana era no mínimo muito mais frequente que uma vez por semana.

As reclamações, no entanto, não resolviam nada; Nola tinha uma missão. Com apenas duas banheiras para seu rebanho envergonhado, ela tentava deixar seis de nós limpos antes de trocar a água. Isso significava lavar dois meninos de cada vez na mesma banheira. A primeira dupla ficava limpa; a segunda, um pouco suja; e a terceira apenas se divertia.

Às 19 horas já estávamos de pijama, e Nola nos levava em grupo à sala de estar como se fosse uma galinha com seus pintinhos. Era hora de contar histórias da Bíblia.

Sentada no centro de um pesado sofá de carvalho que ficava no canto da sala, Nola passava o braço ao meu redor enquanto convidava os meninos mais novos para se aproximarem. Os mais velhos acomodavam-se no chão, sentados com as pernas cruzadas ou com as pernas esticadas para a frente. Nola exigia silêncio e atenção — nada de conversas ou distrações. Eu não conhecia muito a Bíblia, mas sabia que aquele era um momento especial.

Em seguida, todos seguíamos para a cama. Nola sempre se ajoelhava ao lado de cada cama, sussurrava uma oração que somente aquele menino ouvia, dava-lhe um beijo de "boa-noite" e dizia que o amava.

Certa vez, quando despertei e me arrastei pelo corredor para usar o banheiro, a porta do quartinho de Nola estava aberta. Ouvi vagamente que ela estava orando, citando os nomes dos meninos. Enquanto eu voltava, ela gritou: — Dê a descarga, Robby!

Nunca entendi como Nola reconhecia o modo de andar de cada um de nós.

Ao passar pelo quarto dela na segunda vez, parei e bati na porta.

Nola apareceu usando uma camisola simples de flanela cor-de-rosa. — Pois não! — ela disse.

— Para que você está orando? — perguntei. — Pelo nosso comportamento?

— Não, Robby — ela respondeu sem rodeios. — Oro para que Deus me ajude a encontrar alguma coisa para amar em cada um de vocês.

Eu não sabia o que dizer.

Antes que uma resposta me viesse à mente, ela me levantou do chão e me apertou com força. Carregando-me de volta à cama, sussurrou brincando: — Mas eu acho que você precisa de *um pouco mais* de oração para aprender a se comportar!

Quando o inverno voltou, Gigi continuou com suas visitas semanais. A carinhosa atenção de Nola nunca me faltou.

A solidão, porém, continuava.

Eu sabia pouco sobre os meninos "normais", mas queria muito deixar o abrigo e ter uma casa e uma família só minhas.

O ano foi se esticando até se transformar em dois. Ainda não tinha notícias da minha mãe; agora ela não passava de uma vaga lembrança.

De repente, porém, a situação mudou. A mulher que me deixara aos cuidados de pessoas estranhas estava de volta, trazendo consigo o caos.

/ 3 /

O tornado

ESTÁVAMOS EM 1959, QUASE DOIS anos após minha mãe ter-me abandonado no abrigo. Eu tinha 5 anos.

Um dia, sem nenhuma explicação, Nola me levou à sala de visitas no pavimento inferior.

Mamãe estava lá, em pé.

Corri em sua direção e passei os braços ao redor de sua perna. *Estou indo para casa,* disse a mim mesmo. *Mamãe saiu do hospital, está aqui e vai me levar para casa. Vou para casa!*

— Oi, Robby — ela disse sem muito sentimento. — Como vai?

Eu não sabia o que responder.

Ela não se ajoelhou nem me abraçou como Gigi fazia, por isso agarrei sua mão. —Vamos ao *playground* como Gigi faz, mamãe. Vou mostrar todas as façanhas que aprendi nos balanços e nas barras.

— Isso não tem importância, Robby! — ela disse friamente. —Temos assuntos mais sérios para conversar!

Sentindo-me como um cãozinho chutado, soltei a mão dela, abaixei a cabeça e fechei a boca.

—Vamos almoçar na cidade — mamãe avisou. Depois, agarrou minha mão e dirigiu-se à porta. Andando o mais rápido que podia, ela me empurrou para a frente para que eu acompanhasse seus passos.

Saímos da propriedade e caminhamos vários quarteirões até chegar a um restaurante. Ela dizia coisas que eu não entendia: — Há muitos imigrantes aqui. Os negros deveriam ser enviados de volta para o Sul. Deixe que a bruxa da sua tia Pauline cuide deles em Atlanta. Ela destruiu minha vida quando bagunçou a vida do seu pai. Nunca lhe deu a liberdade de que ele precisava, e ele não foi homem suficiente para enfrentá-la!

Não paramos até ela encontrar um restaurante que servisse cerveja. Ali, as pessoas também fumavam e jogavam bilhar.

Quando retornamos, cheirando à fumaça, os suecos cristãos que dirigiam o abrigo não estavam com o semblante feliz. Nola manteve um tom de voz calmo, mas estava visivelmente aborrecida e disse com os dentes cerrados: — Aquele restaurante não é apropriado para uma criança, sra. Mitchell. Por favor, escolha aquele mais perto do *campus*. É uma bela atmosfera familiar. Ou, então, permaneça no *campus* e coma conosco no salão de refeições.

— Sou a mãe dele e sei o que é melhor para meu filho — ela disparou. Em seguida, apresentou uma lista de exigências. — Ele precisa de travesseiro especial. Nada de cobertores de lã. Ele deve alimentar-se de acordo com o que escrevi neste papel.

Nola sacudiu a cabeça, depois assentiu, assimilando tudo em silêncio.

— Quando ele for para o jardim de infância, arrume um táxi para levá-lo à escola e trazê-lo de volta. Nada de esportes. — Ela enfiou a mão no bolso de onde tirou outra folha de papel. — E estes são alguns versículos que quero que ele saiba de cor quando eu voltar!

Quando vamos para casa?, pensei. *Pare de falar com Nola e vamos embora. Podemos pegar o trem que Gigi pega.*

No entanto, sem avisar, mamãe se virou para mim e anunciou: — Preciso ir!

Sem nenhum abraço, sem nenhum beijo, ela deu meia-volta, caminhou ligeiramente pela entrada do abrigo e saiu da propriedade rumo à estação ferroviária.

Você está indo embora sem mim? De novo?

Eu não disse nenhuma palavra nem derramei nenhuma lágrima.

Perplexo, ergui a cabeça e olhei para Nola. Ela se abaixou carinhosamente e segurou minha mão. E caminhamos de volta ao abrigo em silêncio.

Não falei nem brinquei durante dias. Andava a esmo até uma área afastada do *playground*, onde ficava olhando para o espaço e questionando por quanto tempo minha mãe agiria daquela maneira.

Os outros meninos não me importunaram. Crianças como nós pareciam entender quando alguém precisava ficar sozinho.

Aquela não foi a última vez que mamãe fez uma visita surpresa. Nos dois anos seguintes, ela repetiu a cena várias e várias vezes.

Suas visitas irregulares eram eventos parecidos com um tornado. Ela não informava a ninguém que estava vindo, portanto Nola quase sempre demorava um pouco para me levar à sala de visitas. Quando chegávamos, mamãe berrava com Nola, acusando-a e ao resto do pessoal do abrigo de estar escondendo seu filho.

Durante essas visitas bombásticas, meu coração começou a esfriar à medida que minha mãe me desprezava. Ela continuou a me arrastar ao mesmo restaurante, ao mesmo salão de bilhar, com o mesmo sermão rotineiro.

E sempre me deixava para trás.

Talvez desta vez seja diferente, eu dizia a mim mesmo. *Talvez ela não fique zangada nem grite com Nola. Talvez ela consiga um bom emprego e me leve de volta para casa. Talvez a gente volte a ser uma família.*

Cada visita era uma decepção. Eu passava dias tentando lidar com o sofrimento.

Agora, o assistente social permanecia mais tempo comigo; ele tentava forçar-me a dizer-lhe ou a Nola em que eu estava pensando e como me sentia. Eu só conseguia dizer: "Meu coração dói. Dói muito".

Logo em seguida, parei de chamar minha mãe de "mamãe".

Não foi fácil fazer isso. Eu queria que aquela mulher me amasse. Mas achava que "mamãe" era uma mulher que nos levava para a cama à noite, que nos protegia e cuidava de nós. Mamãe era alguém de quem a gente devia sentir orgulho.

Minha mãe nunca foi uma mamãe para mim.

— Por que ela não é igual às outras mães? — eu perguntava a Nola. — Por que ela grita com você e diz coisas horríveis? Não é justo!

Nola não dizia quase nada, mas eu continuava a perguntar.

— Por que o cheiro dela é tão ruim? Por que devo almoçar com ela? Ela fuma, toma café e fala sem parar sobre coisas que eu não entendo.

Nola ouvia e assentia com a cabeça, deixando-me desabafar.

— Ela não me vê brincar como Gigi e você fazem, Nola. Ela não gosta de mim?

Quando entendia que eu já desabafara o suficiente, Nola dizia suavemente: — Ela está doente, Robby. Você não tem culpa de morar aqui. Você não é o problema.

— Que doença ela tem? Por que os médicos não tratam dela? O que há de errado com ela?

Nola também nunca respondia a essas perguntas.

Às vezes, ela se ajoelhava, passava os braços em volta de mim e me apertava com força. — Você está protegido aqui, Robby — ela sussurrava. — Lembre-se de que eu o amo e de que Deus também o ama.

Enterrando a cabeça no ombro de Nola e me aconchegando na segurança de seus braços, eu pensava: *Por que Deus não faz minha mãe ser mais parecida com Nola?*

/ 4 /
Diferente

A IDA AO JARDIM DE INFÂNCIA me tirava do aconchego de Nola por algumas horas durante as manhãs dos dias úteis. Andar de cabeça erguida os dois quarteirões até a Escola de Ensino Fundamental Douglas era muito importante para mim e me fazia sentir que eu havia crescido.

Os outros meninos da minha classe eram simpáticos e tão inocentes quanto eu. Havia muitas coisas divertidas para contar e papéis para mostrar quando Gigi me visitava. Ela parecia tão entusiasmada quanto eu sobre as coisas que eu estava aprendendo. À noite, Nola me passava um "dever de casa" criado por ela, que me fazia sentir como parte do grupo.

De repente, entrei na primeira série, e outra inocência foi despedaçada.

Eu não imaginava que o fato de ter vindo do abrigo me tornava diferente dos outros. No entanto, a situação mudou quando vi alguns meninos malvados, mais adiantados que eu, cercando e zombando de outro menino do abrigo.

O menino chorava.

Os meninos malvados riam.

Encarei-os.

Os valentões da escola aparentemente sabiam o que dizer e que botão apertar para fazer um dos meninos do abrigo chorar ou reagir com emoção. Éramos alvos fáceis.

Com o tempo, eles também passaram a me perturbar. Meu ponto fraco era: — O que há de errado com você, Robby? Por que você não tem pai nem mãe?

— Tenho pai e tenho mãe — eu protestava. — No momento eles não podem cuidar de mim. Mas logo seremos uma família de verdade.

— Ah, claro! Ou você é idiota ou é mentiroso. Eles não querem saber de você.

A primeira vez que ouvi isso, irrompi em lágrimas. Os valentões riram. Os outros meninos permaneceram em silêncio.

Quando me queixei com Nola naquela noite, ela disse: — Não deixe que eles perturbem você, Robby. Diga simplesmente: "Paus e pedras podem quebrar os meus ossos, mas palavras nunca vão me machucar", e afaste-se deles.

Aquele pareceu ser um bom plano — até eu tentar algumas vezes. As risadas dos valentões me fizeram sentir ainda pior. Seria mais fácil lidar com paus e pedras.

A cada semana, os enfrentamentos com os valentões aumentavam meu sofrimento. Mas chegou o dia na segunda série em que não aguentei mais.

Aconteceu rapidamente, e fui pego de surpresa tanto quanto o valentão. Assim que ele começou a me ridicularizar, eu já estava a caminho de dar-lhe um soco. A sensação de bater naquele idiota foi muito boa.

A agressão física não era novidade para mim naquela época. Os meninos mais velhos do abrigo me ensinaram bem — dolorosamente bem. Eu sabia onde bater para não deixar marcas visíveis, como socar as costelas e a cabeça para fazer o sujeito sentir dor por muito tempo.

Minhas reações súbitas e violentas e minha atitude firme impediram muitos ataques verbais depois daquilo. Só que sempre havia um menino que me tirava do sério, fazendo-me comparecer à sala do diretor. Quando eu chegava lá, o diretor me perguntava com a testa franzida: "O que há de errado com você, garoto?".

O que há de errado comigo? Eu é que pergunto o que há de errado com você, sr. Diretor. O problema não sou eu; foi o outro menino que começou! Só fiquei sabendo que havia alguma coisa errada comigo quando cheguei aqui!

Quando o diretor fez aquela pergunta, senti vontade de esmurrá-lo. Não respondi. Recolhendo-me à minha mal-humorada resignação, esperei pelo castigo que se seguiu. Se ele estava à espera de sinais de arrependimento, jamais chegou a vê-los.

Um assistente social do abrigo começou a conversar comigo todas as semanas, tentando livrar-me do sentimento de perseguição pelos meninos da escola. No entanto, por mais que ele e Nola me dissessem que eu era normal, eu não conseguia acreditar nisso.

As coisas ruins sempre acontecem comigo, e não entendo por que, eu pensava. *Ninguém gosta de mim — nem os meninos da cidade. Não importa o que Nola diga, devo ser mau! Gostaria que alguém me dissesse o que fiz de errado. Por que minha mãe me abandonou? Por que estou tão sozinho?*

Evidentemente, eu ainda morava com um grupo de 60 crianças. No coração, porém, eu continuava só — desesperadamente só.

Não havia nenhum pai para me ensinar "coisas de homem". Não havia nenhum irmão mais velho para me proteger dos adolescentes que socavam a nossa cabeça, a cabeça dos mais novos. Não havia nenhuma mãe para beijar minhas feridas e abraçar-me à noite.

A culpa devia ser minha. Deveria haver algo errado comigo. *Devo ser uma pessoa difícil de conviver com alguém.* As encrencas em que eu me metia confirmaram esses sentimentos. *Devo ser a ovelha negra da família.*

Eu não era o único menino no abrigo que se sentia dessa forma. Ao observar os outros, lentamente comecei a perceber que todos nós queríamos acreditar que os nossos pais eram os melhores do mundo. Com exceção dos que sofreram abusos violentos, os meninos que eu conhecia se recusavam a concordar que os pais deles eram o problema.

Seria mais fácil se a culpa fosse nossa. Se fôssemos o problema, poderíamos tentar ser bonzinhos e mudar de comportamento. Aí, sim, os nossos pais acabariam por nos levar de volta para casa.

Os assistentes sociais tentavam, com todo o carinho, fazer que aceitássemos a ideia de que os nossos pais eram o problema. Entretanto, se isso fosse verdade, talvez demorasse muito para eles melhorarem e nos levarem para casa. Se os nossos pais não melhorassem, jamais sairíamos dali.

Não estou dizendo que a situação era tão ruim no abrigo a ponto de odiarmos o lugar. A maioria de nós recebia mais cuidados ali do que recebera dos próprios pais. No entanto, ao completar 7 anos, entendi que os meninos preferiam a pobreza desde que fossem amados, roupas maltrapilhas desde que recebessem carinho, e a vida ao relento desde que alguém os quisesse. Estávamos dispostos a sofrer muito se ao menos pudéssemos fazer parte da nossa família.

Notei isso entre os meninos do abrigo que vieram de uma família de 11 filhos, cujo pai tinha um emprego de meio período e morava em um casebre improvisado perto do aterro da cidade. Os meninos passavam fome, usavam roupas sujas e pareciam nunca ter tomado banho. Os adultos chamavam o pai deles de vagabundo. Fisicamente eles estavam bem melhor no abrigo, mas pelo menos nos dois primeiros anos se ressentiam de não estar morando no casebre da família.

Notei isso também em uma menina que chegou ao abrigo após a mãe ter morrido de câncer. O pai não conseguia enfrentar a morte da esposa nem lidar com a única filha. A garota perdeu não apenas a mãe, mas também o pai que poderia ajudá-la a enfrentar todo aquele sofrimento. Apesar da rejeição, ela ainda esperava voltar para o pai e para o que o lar significava.

Notei isso ainda em um menino no abrigo cujo cérebro parecia não funcionar tão rápido quanto o cérebro da maioria das pessoas. O pai o espancava rotineiramente por ele ser "idiota", ao passo que a mãe o desprezava e concentrava a atenção nos filhos "normais". Durante anos aquele menino quis voltar para casa, esperando desesperadamente que a situação fosse diferente e que sua família o aceitasse.

Todos nós queríamos acreditar nisso. Queríamos pensar que, em breve, concretizaríamos o sonho de ter um lar no qual fôssemos aceitos e amados.

Aparentemente, com o passar do tempo, os meninos mais velhos desistiam do sonho, chegando a aceitar silenciosamente seu destino. Para nós, os mais novos, isso era mais difícil. Cada um dos Meninos Pequenos acreditava que, se conseguisse voltar para casa, a sombra negra da solidão desapareceria.

Aquela sombra não me fazia mais chorar alto, porém ainda me perseguia. Na cama, com as luzes apagadas, eu deixava que as lágrimas fluíssem em silêncio.

Quando aquilo acontecia, eu dizia a mim mesmo que, um dia, de alguma forma misteriosa, a situação melhoraria e eu sairia dali. A esperança era a única coisa que impedia que o desespero me arrastasse para seu abismo escuro.

A esperança e Gigi. Ela era uma bênção que muitos meninos no abrigo não tinham. Eu aguardava ansiosamente suas visitas, que sempre me aqueciam o coração.

No Natal, e esporadicamente no Dia de Ação de Graças, eu recebia autorização para ir ao apartamento de Gigi. Em uma daquelas visitas conheci alguns parentes dela, de Rockford, Illinois. Fran era filha do irmão mais velho de Gigi. Ela e os filhos, Paul e Art, foram simpáticos e me convidaram para visitá-los.

Na primeira vez em que os vi, fiquei muito feliz, e minha cabeça começou a girar rapidamente. *Talvez eu possa morar com eles!*

O pensamento mal havia penetrado no meu cérebro quando eu disse de repente: — Posso morar com vocês? Sou bom aluno e sei fazer tarefas domésticas. Posso ser muito útil se me deixarem ir com vocês.

Gigi ficou atônita, mas Fran foi gentil. — Sinto muito, Robby. Tenho quase 70 anos e sou muito velha para cuidar de você. Art é solteiro e viaja muito a negócios. Paul já tem quatro filhas. Gostaríamos muito de ajudar, mas não temos condições de cuidar de você.

Senti que ela e sua família gostaram de mim. Contudo, parecia que outra porta acabara de se fechar bem na minha cara.

Ninguém parecia perceber que uma pergunta me atormentava: *Por quê? Por que nenhum membro da família está disposto a me aceitar e me criar?*

Esforcei-me para manter viva a esperança. No inverno, entretanto, durante a segunda série, perdi aquela batalha.

Era fevereiro de 1962. Eu tinha 7 anos de idade.

As terras cultivadas da região central de Illinois estavam totalmente estéreis naquela noite. Os campos de milho e soja haviam sido arados. A neve suja cobria a grama morta; as árvores nuas rangiam com a força dos ventos.

Depois de nos colocar na cama, Nola nos deixou sozinhos com os nossos pensamentos. Sombras estranhas produzidas pela luz noturna do banheiro e pela lâmpada vermelha da tabuleta de SAÍDA refletiam nas paredes do quarto. Nos quatro anos em que morei no abrigo, aquelas noites assustadoras haviam alimentado muitos sonhos ruins.

Deitado na cama, finalmente tive de admitir a verdade.

Meu pai não seria curado.

Minha mãe jamais seria igual às outras mães.

Eu não poderia morar com Gigi nem com os parentes dela.

Ninguém apareceria para me resgatar.

A realidade calou fundo no meu coração.

Os soluços partiram de um lugar tranquilo que imaginei ter conseguido blindar. Já ouvira esses gritos de angústia partindo dos outros meninos quando eles perdiam a esperança, mas, não sei como, eu havia conseguido evitar mergulhar nesse tipo de desespero.

Não, porém, naquela noite. Aquela noite era a minha vez de chorar bem alto, com gemidos profundos demais para serem verbalizados.[1]

"Pare com isso!", os meninos que dormiam no mesmo quarto gritaram. As minhas emoções, como se fossem uma ferida aberta, ameaçavam

---

1 V. Romanos 8.26.

as defesas que eles haviam construído ao redor de seu coração machucado e cheio de medos.

Nola apareceu e abraçou-me, mas não pôde ficar ali por muito tempo. Logo teve de sair para cuidar de uma criança mais nova.

Chorei até não ter mais lágrimas. Exausto e sufocado pelo sofrimento, tive muito tempo para pensar durante a noite.

Ninguém está vindo para me tirar daqui. Ninguém virá para me tirar daqui.

Estou sozinho e não sei por quê. O que fiz de errado? Eu tinha apenas 3 anos quando ela me deixou aqui. O que fiz para merecer isso?

Não entendo, e não posso fugir. Estou preso aqui para sempre — aqui é o meu lugar, e goste ou não disso.

Naquela noite fria de inverno, endureci o coração.

Nada nem ninguém será capaz de me fazer sofrer tanto assim de novo. Os grandalhões podem me bater até eu chorar de dor, mas ninguém fará meu coração chorar assim de novo. Ninguém! Vou ser durão — aconteça o que acontecer!

Aquela foi apenas a promessa de um menino.

No entanto, era tudo o que eu podia fazer para proteger-me do pesadelo que me espreitava não muito longe.

/5/
Raptado

Dia 19 de janeiro de 1963, 20h15.

De acordo com as anotações dos assistentes sociais, minha mãe apareceu inesperadamente no abrigo, exigindo ver-me.

Queria levar-me com ela, foi o que disse a Nola. Uma vez que minha mãe tinha a custódia legal, ninguém poderia impedi-la.

— Sra. Mitchell, está na hora de pôr as crianças de 8 anos na cama... e a noite está fria demais para tirá-lo daqui — Nola disse com firmeza. — Quando a sra. trará Robby de volta?

Minha mãe riu, disse um palavrão a Nola e me arrastou para fora.

Temeroso e confuso, olhei para trás em busca da ajuda de Nola. Ela parecia zangada, tremendo como uma loba acorrentada.

A minha mãe estava transtornada enquanto nos dirigíamos à cidade. Falava sem parar e praguejava com mais intensidade que nunca, mas sorria de modo malicioso como se estivesse participando de um jogo.

Ela sempre me empurrava, porque eu não conseguia acompanhar seus passos. Eu estava com frio, mas não me atrevi a reclamar.

Como sempre, ela se queixou das minhas avós, do abrigo, da Bíblia, dos negros e dos imigrantes. Mas, em seguida, disse uma novidade.

— Vou mostrar a essa gente, Robby. Vou mostrar a toda essa gente. Eles vão ver que posso ser uma boa mãe. Logo nossa família voltará a ficar unida.

Um lar? Finalmente estou indo para casa? Eu sabia que não devia fazer essa pergunta em voz alta. Como um cãozinho assustado, observei e aguardei.

Não voltamos ao abrigo naquela noite. Minha mãe deu um jeito de dormirmos nos bancos frios de madeira na pequena estação ferroviária de Princeton.

Na manhã seguinte, pegamos o primeiro trem para Chicago. Quando lhe contei que não tinha roupa para trocar, ela disse: — Não se preocupe, Robby. Tenho tudo de que precisamos.

Ao chegar a Chicago, fomos diretamente ao Palmer House Hotel, conhecido internacionalmente. Depois de dormir em camas de ferro do abrigo, a visão que tive dos lustres cintilantes, das salas espaçosas e dos mensageiros vestidos com apuro foi um salto espetacular e parecia um sonho. Era um mundo muito mais bonito do que eu imaginava.

Depois de instalados no quarto, minha mãe tirou um pacote de dinheiro de uma carteira maior que as normais. — Finalmente recebi o que me deviam — ela disse, guardando as notas em uma das gavetas da cômoda. — Meu pai e a irmã dele morreram quando um trem atingiu o carro em que estavam. Recebi 10 mil dólares do seguro de vida dele! Não é maravilhoso?

Eu não sabia o que responder.

— Esta gaveta é sua — ela avisou com orgulho. — Venha ver o que comprei para você.

Revistas de histórias em quadrinhos! A gaveta estava abarrotada delas. Minha mãe me havia dito várias vezes que histórias em quadrinhos não prestavam; agora ela ria ao ver meu olhar de espanto. Mais tarde, na mesma semana, ela voltou a me fazer um sermão sobre os malefícios das revistas de histórias em quadrinhos — depois saiu e trouxe outra dúzia delas.

Durante algumas semanas, a vida era uma fantasia que se tornara realidade. Pedíamos que as refeições fossem servidas no quarto. Fazíamos compras em lojas de departamentos elegantes. Víamos um filme atrás do outro.

As reclamações, contudo, continuaram. Indignada, minha mãe contou como vovó Pauline, mãe do meu pai, havia tirado de nós esse estilo de vida. Eu desconhecia o motivo, mas parecia que todos os nossos problemas eram causados pelas minhas avós. No fundo, porém, eu tinha certeza de que Gigi não era a causa dos meus problemas.

De repente, sem nenhum aviso, minha mãe atirou todas as nossas coisas em uma sacola e empurrou-me para fora do mundo de sonhos do Palmer House.

Eu me vi sendo arrastado para um apartamento minúsculo e sujo. Localizado nos fundos de um prédio de vários andares, tinha corredores sombrios e moradores igualmente sombrios.

Os trilhos do trem elevado passavam ao lado da parede dos fundos, não muito longe da parada El Bryn Mawr. Os apartamentos dos fundos, no mesmo nível do "elevado", eram os menos procurados e, portanto, os mais baratos. O lugar inteiro sacudia com o ronco ensurdecedor dos trens, dia e noite.

Certo de que o prédio antigo desabaria, eu dormia mal. Minha mãe dormia embriagada.

O apartamento tinha uma sala e um banheiro pequeno. Embutida na parede havia uma cozinha em miniatura com geladeira, pia e fogão. A cama onde eu e minha mãe dormíamos permanecia dobrada na outra parede durante o dia. Tínhamos uma mesa e um sofá. Não havia televisão nem rádio.

A ideia que minha mãe tinha sobre as refeições me dava vontade de voltar para o abrigo. A emoção de comer rosquinhas no café da manhã e, às vezes, almoçar desapareceu rapidamente. O preparo das refeições consistia no seguinte: ela aquecia a comida congelada em embalagens de alumínio até queimar e a colocava sobre a mesa.

Se eu hesitasse em comer, ela gritava por eu criticar seu modo de cozinhar e insistia em dizer que a comida estava boa. A fome me levava a pegar o garfo e encontrar uma forma de mastigar e engolir feijões verdes, purê de batata ressecado e bolo de carne dura — tudo queimado — acompanhados de água morna da torneira.

Minha mãe costumava dormir durante horas no meio do dia, quase sempre por estar embriagada. Quando isso acontecia, eu não jantava. Lembro-me de tê-la sacudido várias vezes para tentar acordá-la, mas ela não se mexia. A vida era sombria, barulhenta, irracional e solitária. Minha diversão consistia em ler histórias em quadrinhos, participar de brincadeiras imaginárias e ver aranhas e baratas rastejando nas paredes e no chão.

A vida não era divertida quando minha mãe estava dormindo; e muito menos divertida quando estava acordada. Ela passava a maior parte do tempo brigando comigo. Eu só ouvia a voz dela, não as palavras. De repente, a fala tornou-se odiosa e mesquinha, acompanhada de palavrões e potes e panelas voando pela sala. Eu me surpreendia, porque nada do que ela atirava se quebrava.

Naquele momento, o estado de Illinois ocupava o primeiro lugar na lista das coisas que ela odiava. Ela achava que o governo não lhe fornecia ajuda suficiente nem dinheiro para sobreviver. Certa noite, após um discurso violento sobre o assunto, fiz uma pergunta sobre dinheiro — e sobre meu pai.

— Quando o papai vai ficar bom para poder trabalhar e cuidar de nós?

Até então, ninguém me havia explicado realmente por que meu pai estava "muito doente para me criar". O máximo que alguém dizia era que ele estava "doente da cabeça", internado em um hospital longe demais para eu visitá-lo.

A princípio, a pergunta pareceu ter atordoado minha mãe; ela murchou como se fosse um pneu furado. Mas, de repente, algo cresceu em seu interior, e a tristeza em seu rosto se transformou em ira.

Tremendo de raiva, ela explodiu: — O seu pai é um fraco, um perdedor! Ele nos abandonou e tentou se matar com um tiro na cabeça. Mas ele deve ter mudado de ideia na última hora, porque errou o alvo. O cérebro dele ficou prejudicado e nunca vai melhorar.

Lentamente, a revelação começou a calar fundo, enquanto ela prosseguia. — Foi por isso que ele nunca ligou nem escreveu para nós, Robby. Foi por isso! Ele não consegue. A única maneira de voltarmos a ser uma família será no céu.

Ela tomou outra dose de vinho barato. Eu queria saber se ela planejava matar todos nós para que fôssemos juntos para o céu.

Então foi isso que aconteceu com meu pai. *Ele deu um tiro na cabeça para tentar se matar?* E nunca mais ficaria bom. Uma porta de aço pesada e muito conhecida fechou-se, acabando com minha esperança de voltar a viver em família.

Continuei, porém, a viver sob os "cuidados" da minha mãe. Sentia-me raptado, embora sua custódia legal a mantivesse livre de ser acusada desse delito. Aparentemente, o fato de ter-me raptado representava um jogo de poder para minha mãe. — Acho que agora consegui mostrar a eles — ela disparou enquanto queimava minhas roupas do abrigo dentro de um tambor na viela. — Você é meu filho, e é melhor que eles se lembrem disso!

Eu gostaria que ela se esquecesse. Queria Gigi e Nola. Não entendia por que elas não vinham buscar-me.

Mais tarde fiquei sabendo que Gigi e o pessoal do abrigo estavam em pânico. Não tinham ideia do nosso paradeiro, se eu estava bem ou mesmo vivo.

Várias semanas após ter-me raptado, a minha mãe ligou para Gigi de um telefone público. Minha avó deve ter pedido para falar comigo; minha mãe segurou o fone para que eu pudesse dizer algumas palavras. Em seguida, afastou o aparelho, gritou algo parecido com "Vou mostrar a todos vocês" e desligou.

Por quase dois meses, minha mãe torturou a coitada da minha avó. Mamãe dizia que, se Gigi estivesse em casa às 20 horas de determinada noite, eu poderia ligar para ela. Às vezes, íamos a um telefone público e fazíamos a ligação, mas, se estivesse de mau humor, ela voltava atrás. Quando ligávamos, ela tirava o fone da minha mão após um ou dois minutos e dizia rispidamente: "Chega! Tchau". Quando Gigi me contou que todos estavam preocupados comigo, eu não soube o que dizer.

Certa noite, com um aviso de apenas duas horas de antecedência, minha mãe concordou em me levar para jantar com Gigi. Só que ela não subia ao apartamento de Gigi nem me deixava passar a noite com ela; devia ter medo de que Gigi me levasse de volta para o abrigo.

Foi um banquete: carne assada à moda de Boston, acompanhada de vários pratos. Havia comida suficiente para quatro pessoas, mas minha avó não tocou em nada.

Mesmo enquanto eu devorava grandes bocados de comida, percebi que Gigi estava preocupada. Durante uma breve pausa, eu disse: — Vovó, você deveria comer um pouco disto aqui. Está uma delícia!

— Estou sem fome, Robby — ela disse com um suspiro triste. Eu sabia que ela queria ter certeza de que haveria comida suficiente para mim.

Não me ocorreu usar a visita como oportunidade para fugir da minha mãe. Eu resolvera aceitar a vida como ela era, por pior que fosse. Não imaginava que alguém do abrigo fosse buscar-me se eu revelasse onde estávamos. Gigi também não telefonou para pedir ajuda; talvez estivesse com medo da minha mãe.

No entanto, Gigi fez muitas perguntas naquela noite sobre onde e como estávamos vivendo. Só consegui dizer que nosso apartamento sujo ficava a alguns quarteirões do cinema à beira do lago da parada El Bryn Mawr do trem elevado.

Aquilo deve ter-lhe dado pistas suficientes para levar as autoridades até nós. Dias depois, ouvi uma batida forte e insistente na porta do nosso apartamento. Eu não sabia o que fazer; era a primeira vez que alguém batia ali.

— Polícia! — gritou uma voz que parecia ser a de um gigante. — Temos um mandado de prisão. Abra a porta!

Trêmulo, sacudi minha mãe embriagada, tentando despertá-la. Com muito custo, ela se levantou do sofá, perguntou quem era e abriu a porta. O policial que a algemou parecia enorme.

Enquanto saíamos daquele prédio horrível, pensei, a princípio, que o policial também me levaria preso. *O que fiz agora?*, pensei. *Para onde ele está me levando? Quem sabe está me levando de volta para o abrigo ou para Gigi.*

Fiquei chocado quando o policial me levantou do chão e me colocou em um banco no fundo da viatura. Havia um assento de cada lado e uma janela com grades no fundo. Podíamos ver o que se passava do lado de fora, e os motoristas atrás de nós também nos viam. Tive vontade de gritar: "Não sou criminoso!". Mas isso de nada adiantaria. Novamente, eu me senti humilhado e indefeso.

Quando minha mãe e eu chegamos à delegacia, fomos separados um do outro. Eu não sabia para onde minha mãe seria levada, mas imaginei que eu iria para o apartamento de Gigi ou voltaria para o abrigo. O policial, porém, disse que eu passaria a noite no Audy Home.

Localizado perto do centro comercial de Chicago, o Audy Home era uma área reservada para crianças à espera da decisão do tribunal a respeito de seu destino. Para mim, parecia uma prisão.

O homem que fez meu registro sentou-se diante de uma mesa. Atrás dele havia um corredor curto que dava acesso a quatro celas, duas das quais estavam ocupadas por alguns adolescentes que gritavam e diziam palavrões. Eles amaldiçoavam o mundo e o homem na mesa em frente, que de vez em quando também os ofendia com palavrões.

A função dele era relacionar tudo o que eu tinha. — O que você está usando? — ele resmungou.

— Sapatos, meias, calça, cueca, cinto, camisa e jaqueta.

Olhando firme para mim, ele disse: — É fevereiro em Chicago, moleque. Não tem um casaco?

— Estou usando um casaco — respondi, com os braços ao redor da jaqueta.

— Isso aí é o quê? Casaco ou jaqueta?

Eu não sabia. Procurei uma pista naquele rosto duro como pedra, mas não encontrei nenhuma. Meu lábio inferior tremeu quando eu disse sem pensar: — É um casaco!

Saltando da cadeira, o homem disse um palavrão por, aparentemente, ter ouvido um tom de insolência na minha voz. Agarrou-me pelo braço e arrastou-me em direção às celas. —Vou mostrar a você o que acontece com garotos que não me respeitam! — ele berrou.

Depois de levantar-me do chão, o homem encostou meu rosto nas grades da porta de uma cela. Vi uma pia suja e manchada e um balde que parecia ter sido usado como vaso sanitário. O odor era pior que o mau cheiro do esterco que vinha das fazendas de Princeton na primavera.

— Quer passar a noite aí? — o homem vociferou.

— Não, senhor!

Arrastando-me de volta à mesa, ele insistiu: — É casaco ou jaqueta?

— Não sei, senhor — eu disse com medo. — Sou criança. Não sei!

— É casaco, idiota.

Depois de ordenar que eu tirasse toda a roupa, ele me deu algo para vestir parecido com um uniforme de prisão. Em seguida, mandou que eu subisse a escada de acesso à unidade onde eu passaria a noite.

Quando, porém, cheguei à porta no alto da escada, ela estava trancada.

Bati. Ninguém respondeu.

Bati de novo. Ninguém respondeu.

Esmurrei a porta até que um garoto começou a falar coisas sem sentido através da porta.

— Qual é a sua? O que você quer? — ele gritou.

—Vou passar a noite aqui.

— Não conheço você.

— Quero falar com um adulto.

— Quem você pensa que é?

— Abra a porta — exigi.

— Não tenho obrigação de abrir a porta — ele disse com sarcasmo. —Você não manda em mim.

— Chame então um adulto para que eu possa entrar e não me meter em encrenca.

— Para mim, tanto faz se você se meter em encrenca. Por que devo me preocupar com você?

— Abra a porta ou chame um adulto! — eu disse, tentando controlar a raiva.

— Por que devo deixar você entrar?

— Porque é aí que eu devo ficar!

— Bom, pode ser que eu deixe — ele disse. — E pode ser que não.

Frustrado, segurei a maçaneta com força. A porta não se mexia. Eu tinha certeza de que o sujeito mau lá embaixo subiria a qualquer minuto para me atirar na cela imunda por ter desobedecido a suas ordens.

Depois de alguns minutos de bate-boca, o garoto do outro lado da porta disse que só me deixaria entrar se visse quem eu era.

— Olhe no buraco da fechadura para eu ver você.

Olhei. Ele cuspiu — direto no buraco da fechadura, atingindo em cheio meu olho.

Aquilo era demais! Berrei, gritei, chutei e esmurrei a porta. A raiva que eu sentia quando os meninos mais velhos do abrigo batiam em mim extravasou.

Eu estava pronto para enfrentar o mundo. A primeira pessoa que se atrevesse a me atormentar seria esmagada no chão, principalmente se fosse o infeliz que cuspira no meu olho.

Finalmente um homem abriu a porta. Parecia um demônio da Tasmânia me encarando. Sem surpresa nem emoção, ele ordenou com toda a calma: — Venha comigo. Vou mostrar onde você vai dormir.

Ele me levou a um quarto e ordenou que eu me sentasse em uma das oito camas robustas, de estrutura de ferro. — Esta é a sua — ele disse. — Sei que está com raiva, mas isso não é problema meu. Estou aqui para cuidar do lugar e impedir que os garotos machuquem uns aos outros. O jantar será servido em menos de meia hora. Não saia daqui até eu voltar. É melhor esfriar a cabeça.

O tom de voz tranquilo dele ajudou a me acalmar antes do jantar. Logo depois eu estava sentado em uma lanchonete com paredes nuas e cinzas. Havia um aparelho de TV instalado atrás de uma estrutura entrelaçada, alto demais para eu alcançar.

— Por que a gente come com colher? — perguntei a um dos internos.

— Não seja idiota — ele disse, bufando. — Garfos e facas podem ser usados como armas!

Mais tarde naquela noite, um guarda ordenou que eu tomasse uma chuveirada. — Um dos garotos cochichou: — Cuidado com o seu traseiro.

Os chuveiros não ofereciam nenhuma privacidade. Dois adolescentes entraram comigo. Devem ter visto a fúria no meu rosto porque se afastaram e mantiveram distância de mim.

Com medo de que alguém pulasse sobre mim e me surrasse, fiquei sentado na cama até ter certeza de que os outros meninos estavam dormindo. Depois, levantei-me e caminhei até a janela com grades. Passando os braços ao redor do peito, com as mãos encaixadas nas axilas, abracei-me com força e balancei o corpo ligeiramente da esquerda para a direita como havia feito muitas vezes. Olhando firme para os muros com arame farpado, um pouco adiante de guardas armados, fitei o céu e perguntei por quê. Por que esta vida? Por que não havia ninguém para me buscar? Haveria um lugar para meninos como eu, e como eu poderia chegar lá?

Esta é uma prisão, pensei. *Tenho 8 anos e estou preso. O que eu fiz para ser jogado num lugar como este? O que eu fiz?*

Um adulto me disse que eu ficaria ali somente por uma noite e depois voltaria para o abrigo. Eu esperava que as coisas funcionassem dessa maneira. Pelo menos o abrigo não tinha grades nas janelas, nem cercas, nem guardas, nem uma mãe maluca.

Pensei muito na minha mãe naquela noite. Ela tratava muito mal as pessoas. Culpava o mundo inteiro por seus problemas.

Ela não se preocupava comigo. Não demoraria muito para ela jogar a culpa em mim. Era apenas uma questão de tempo. Minha mãe era igual aos meninos mais velhos do abrigo que batiam nos menores sem nenhum motivo, lançando seus problemas sobre as outras pessoas.

Sob a luz do refletor do posto de vigia de um centro de detenção para jovens, fiz uma promessa: Nunca mais alguém me culparia por seus problemas. Nem mesmo minha mãe.

Finalmente, depois de ter certeza de que meus inimigos estavam dormindo, deitei-me silenciosamente na cama e adormeci.

Na manhã seguinte, após o café da manhã, um guarda disse que o assistente social queria ver-me. Dirigi-me à sala especial para receber visitas, mas só acreditei que John estava ali quando vi sua camisa branca e seu cabelo escuro. Voltar para o abrigo não era o mesmo que voltar para casa, mas com certeza era melhor que a vida que eu estava levando nos últimos meses.

Por mais feliz que eu estivesse por ver John, ele parecia mais feliz ainda por me ver. Tentou não se emocionar, mas a suavidade em seus olhos e em sua voz me revelou como ele se sentia.

Enquanto saíamos daquele lugar, pensei se o Deus de Nola se sentia da mesma maneira. Será que o Deus dela me viu no Audy Home ou naquele apartamento minúsculo e feio? E se o Deus dela se preocupava realmente comigo, por que minha vida era tão infeliz?

/6/ Os médicos

QUANDO RETORNEI DEPOIS DE PASSAR meses com a minha mãe, esperava que alguns meninos estivessem ansiosos por me ver. Queria ouvir: "Por onde você andou? O que aconteceu? O que você fez?".

Nada disso aconteceu. Ao contrário, recebi um triste: "Ei, você está de volta".

Aos olhos deles, o meu retorno significava fracasso. Eles não sabiam se a culpa era minha ou se os problemas em casa não haviam sido solucionados. Nem sequer se importavam. Fosse qual fosse o motivo, eles imaginavam que a minha família me rejeitara mais uma vez.

Esqueçam, pensei com amargura. *Quando quiserem saber, jamais contarei a vocês.*

Nola estava preocupada. Perdera seu menino, seu cãozinho de estimação. Agora ela lidava com um vira-lata arisco que passara fome e frio, tendo sido derrotado várias vezes. Eu vivia acabrunhado e guardava quase tudo dentro de mim.

Também tirei algumas conclusões a respeito de filhos rejeitados. Ao notar que o abrigo tinha muito mais meninos que meninas, concluí que as meninas deviam ser mais dóceis e mais fáceis de serem educadas que os meninos — portanto, era mais fácil descartar os meninos.

Nola continuou a tentar, mas não conseguiu fazer-me voltar à rotina. Eu dançava de acordo com a música, exceto quando outro menino me tirava do sério e fazia explodir de raiva.

Depois de algumas semanas, John me buscou na escola.

— Você sofreu muito durante alguns meses, Robby — ele me disse. — Estamos preocupados com você, por isso vamos pegar o trem da manhã e o levar a alguns especialistas em Chicago para ter certeza de que você está bem. Passaremos o dia todo lá. Não vou ficar com você, mas estarei no edifício o tempo todo, e vamos almoçar juntos. Prometo. Depois, você vai visitar os médicos novamente e voltaremos juntos à noite, de trem. — Ele cumpriu sua promessa.

Naquela noite, pegamos o California Zephyr de volta a Princeton. Depois de horas de exames e conversas com os médicos em um hospital, eu estava cansado de ficar sentado. John entendeu, portanto permitiu que eu andasse meia hora pelo trem para conhecer o transporte e me comprou um refrigerante no vagão-restaurante.

Depois, ele e eu nos acomodamos no vagão de dois andares com vista panorâmica. Eu sabia que ele queria conversar. Os assistentes sociais sempre queriam "discutir" alguma coisa.

Enquanto o trem rodava pelos trilhos, John perguntou como havia sido o meu dia. Imaginei que, quanto mais rápido eu respondesse, mais rápido poderia levantar-me novamente.

— Bom, de manhã eles me levaram a uma sala com mesas e brinquedos. Um dos médicos me deu alguns blocos pequenos de construção e pediu que eu montasse uma casa, um celeiro e um carro. Depois, ele me deu uma caneta e pediu que eu desenhasse uma família e um lar e, em seguida, colorisse tudo com giz de cera. Concordei, mas perguntei por quê. O médico disse que ia medir minhas habilidades cognitivas, minha lógica parcial e meus flexos anteriores. — Encolhi os ombros.

— Você quer dizer suas habilidades cognitivas, sua lógica espacial e seus reflexos motores? — John perguntou com um sorriso.

— É! Essas coisas! Eles não pediram que eu desenhasse a mãe, o pai, os filhos e uma casa. Queriam que eu desenhasse só uma família e um lar. Que estranho!

John assentiu com a cabeça, mas não disse nada.

— Depois, pediram que eu virasse de costas enquanto eles colocavam várias cartas de baralho com as figuras para cima. Quando o médico disse: "Pronto", dei meia-volta e combinei os pares de cartas até ele dizer: "Chega".

John voltou a assentir com a cabeça.

— No primeiro jogo, acertei tudo e ganhei!

— Que bom, Robby!

— Foi bom, mas os outros dois jogos foram mais difíceis e não consegui terminar.

— Não se preocupe, Robby. Eles não esperavam que você terminasse tudo.

— Por que eles escreviam num bloco enquanto a gente almoçava? — perguntei.

— Eles estavam fazendo anotações de como você se comporta à mesa, como segura a faca, o garfo e a colher. Como você age num ambiente comum na companhia de adultos.

— Por quê?

Usando palavras simples, John explicou que, às vezes, depois de uma infância como a minha e principalmente pelo fato de minha mãe ter-me escondido por muito tempo, alguns meninos ficam meio confusos. Às vezes, ficam muito zangados com os adultos ou voltam a agir como bebês — ou pelo menos como crianças menores.

John permaneceu calado enquanto eu refletia no que acabara de ouvir.

— Não vou agir como um bebê — decidi em voz alta.

Ele concordou com a cabeça e deu um leve sorriso.

Foi bom ele não ter perguntado por que eu estava zangado. Se tivesse questionado, receberia uma resposta ríspida.

— Eu me saí bem no almoço? — perguntei.

— Você foi ótimo, Robby — ele me garantiu. — Agora, conte-me sobre a conversa da tarde com o psiquiatra.

Eu não queria falar nada; já havia conversado o dia inteiro. O que ele queria saber sobre os médicos? Não poderíamos apenas curtir a viagem de trem? Contudo, depois de anos dos nossos encontros mensais, e agora semanais, eu sabia que John não desistiria enquanto eu não respondesse. Portanto, escorreguei o corpo para a frente e prossegui.

— O psiquiatra era um cara legal, mais alto que os outros médicos. Começou dizendo que eles só poderiam me ajudar se eu fosse sincero. Queria que eu contasse em que estava pensando, mesmo que me magoasse ou fosse difícil de dizer em voz alta. Disse que, se eles entendessem como eu me sentia a respeito de certas coisas, poderiam me ajudar.

— O que você disse a eles, Robby?

— Disse que ia tentar.

John pareceu satisfeito, por isso continuei.

— O médico queria que eu lhe contasse sobre meu pai: do que eu me lembrava, o que sabia, como me sentia. Aquilo foi difícil. Não me lembro de nada. Tenho uma foto dele. Ele era baixo, tinha cabelos escuros e usava óculos. Andava vestido de camisa branca, gravata escura, terno bonito e tinha um grande sorriso.

— O que você respondeu ao médico quando ele lhe perguntou como se sentia em relação ao seu pai? — John quis saber.

— Não sei o que sinto pelo meu pai porque não me lembro dele nem o conheço. Disse que gostaria de ter um pai de verdade que brincasse comigo, me carregasse nos ombros e jogasse bola comigo. Gostaria de ter um pai de quem eu sentisse orgulho, um pai que me protegesse. E que talvez eu quisesse visitar meu pai no hospital, mas talvez não. Acho que entendo por que ele estava cansado de viver com minha mãe, mas...

Hesitei.

John esperou durante um longo minuto e depois perguntou: — Mas o que, Robby?

Foi difícil para mim. Eu nunca havia dito isso em voz alta a ninguém.

— Por favor, Robby. Você sabe que eu me importo com seus sentimentos. Mas o quê?

Mansamente, quase sussurrando, finalmente fiz a pergunta que me causava tanto medo. Medo de receber um "sim" como resposta. — John, por que ele me abandonou? Estava cansado de mim?

John sacudiu a cabeça. Inclinando o corpo para a frente, ele olhou fundo nos meus olhos. — O problema não era você, Robby. Ele não estava cansado de você, e você não fez nada errado. Na sua idade, é difícil entender, mas você precisa acreditar em mim. As escolhas dos seus pais não têm nada que ver com você. Infelizmente, você teve de sofrer por causa do que eles fizeram.

Eu já ouvira John dizer isso várias vezes. Mas não conseguia acreditar.

Permanecemos em silêncio, apreciando a paisagem do campo. Eu esperava que John não fizesse mais perguntas, mas ele prosseguiu.

— E o que mais o médico perguntou, Robby?

— Ele queria que eu falasse sobre minha mãe. Achei que o mundo inteiro soubesse como ela é. Ela é louca.

— O médico perguntou como você se sente quanto a isso?

— Perguntou. Eu disse que perguntei a Gigi se minha mãe amava meu pai. Gigi disse que podia ser, mas não tinha certeza se Joyce amava alguém, a não ser ela própria.

John esperou novamente e depois indagou: — É assim que você se sente em relação à sua mãe, Robby?

— É. Não sei quem ela ama, mas essa pessoa não sou eu. E, bom, isso pode parecer maldade minha, mas gostaria de ver minha mãe só depois que ela melhorasse um pouco.

John concordou com a cabeça. — Não se preocupe, Robby. Sua mãe está no Elgin State Mental Hospital e provavelmente ficará lá por um bom tempo. — Ele fez uma pausa. — Você quer dizer mais alguma coisa antes de terminarmos a conversa?

— Você sabe me dizer o que eles decidiram sobre mim... os médicos de hoje? Vou ficar louco também?

John pensou por um instante e respondeu: — Você não é louco, Robby. É um menino normal. Mas passou por tempos difíceis. Eles vão nos enviar um relatório dentro de algumas semanas e, na ocasião, conversaremos sobre isso. Mas eles disseram que você está melhor do que esperavam. Você conseguiu raciocinar no meio de tantas emoções, e isso o ajudou. É incrível que você tenha conseguido isso na sua idade.

E, a seguir, vieram as palavras que ficaram gravadas no meu coração: — Eles querem conseguir um lar normal para você o mais breve possível.

Enquanto o trem rodava ao longo dos trilhos, a expressão ecoava na minha cabeça: *um lar normal.*

Parecia bom. Mais que bom. No entanto, depois de tudo o que havia acontecido, *seria* possível?

/ 7 /

O presente de Gigi

Dois ou três meses após minha visita aos médicos em Chicago, Nola perguntou: — Você gostaria de passar o fim de semana com Gigi em Chicago, Robby? Ela quer conversar com você sobre um assunto importante.

— Que legal! Posso ir mesmo?

— Claro. Você irá na sexta-feira, fará uma bela visita e na próxima semana discutiremos o que vocês dois conversaram.

Isso significa que Gigi vai me aceitar na casa dela? Eu não via a hora de descobrir.

Quando a sexta-feira finalmente chegou, John me deixou no apartamento da minha avó. O aroma de frango assado encheu minha boca de água. Eu adorava tudo o que Gigi cozinhava, mas sua carne assada à moda de Boston, o frango assado crocante, as costeletas de porco recheadas e o frango com arroz e cogumelos eram os meus favoritos. "Adoro ver você comer, Robby", Gigi dizia sempre. "Isso me deixa feliz."

E *me* deixava mais feliz ainda. Dessa vez comi o dobro.

Deixávamos sempre a sobremesa por último. Normalmente, depois que ela tirava a mesa, jogávamos dominó ou baralho; ela me deixava ganhar, mas nunca com facilidade. Ou eu me escondia atrás da cortina entre a cozinha e a sala e rosnava igual a um monstro e depois ria quando ela gritava e fingia que ia desmaiar. Eu queria brincar de pega-pega ou de esconde-esconde, mas o apartamento era tão abarrotado de móveis que mal havia espaço para nos movimentarmos dentro dele.

Naquela noite, porém, Gigi parecia séria. — Vamos sentar no sofá e deixar a louça para depois. Quero conversar com você.

Mal pude conter o riso. Eu sabia o que Gigi iria dizer: eu passaria a morar com ela.

Gigi acomodou-se perto de mim no sofá, tentando sentir-se confortável. Aparentemente, seria uma longa história.

— Sua avó Pauline não gostava da sua mãe — Gigi começou. — Achava que o seu pai deveria ter casado com uma mulher cuja família tivesse condições sociais e financeiras mais parecidas com as dela. Como ela costumava dizer, "mais do tipo deles".

A expressão séria de Gigi desapareceu, e ela riu baixinho. Com um jeito simplório, ela disse o que eu já ouvira muitas vezes: — Mas você e eu sabemos: classe não tem nada que ver com dinheiro; tem que ver com caráter!

Se alguém tinha classe, pensei, *esse alguém era Gigi*. Eu também queria ter classe. Se morasse com ela, teria.

— Ao ver que não conseguia impedir o casamento — Gigi prosseguiu —, Pauline tentou fazer tudo o que podia para planejar e dirigir o espetáculo. — Imitando Pauline com um sotaque meloso do Sul, ela disse: — Veja bem, Joyce querida, eu só quero o melhor para você e para o Robert.

Chegou a minha vez de rir baixinho.

Gigi sacudiu a cabeça, e seu tom de voz tornou-se mais sarcástico. — Por ter um coração tão generoso, Pauline contou ao seu pai e à sua mãe todos os detalhes de como seria o casamento. Sua mãe não aceitou aquilo sem discussão, é claro. Foi como se estivesse acontecendo uma guerra entre aquelas duas cabeças-duras.

Gigi revirou os olhos. — Enquanto seus pais estavam em lua de mel, sua avó contratou um caminhão de mudança para transportar todos os móveis do apartamento deles para um depósito. Depois, eles encheram o apartamento com os móveis caros que Pauline havia comprado.

— Puxa! Minha mãe deve ter ficado muito feliz quando voltou — eu disse.

— Feliz? Ah, não, filho! Ela e seu pai ficaram furiosos por Pauline ter comprado móveis tão caros e tirado os deles sem pedir permissão. Sua mãe parecia um gato com os pelos arrepiados, e seu pai ficou mais uma vez dividido entre a esposa e a mãe.

Pauline deve ser tão louca quanto minha mãe, pensei. *Acho que nossa família inteira tem um parafuso a menos.*

Gigi explicou que, depois de me deixar no abrigo, minha mãe começou a penhorar alguns móveis. — Eu a convenci a deixar alguns móveis e presentes aqui para ficarem bem guardados. Dei a ela minha mobília para o apartamento e mil dólares para pagar as contas enquanto ela não conseguisse encontrar um emprego e se estabilizar.

— É por isso que você tem tantos móveis aqui? — perguntei. — Sempre quis saber por que o seu apartamento era tão abarrotado.

Gigi fez uma pausa, respirou fundo e a expressão séria voltou a emoldurar seu rosto. Ela segurou minha mão e olhou fundo nos meus olhos.

É isso, pensei. *Ela vai dizer que poderá vender algumas destas coisas e me deixará ficar aqui.* Endireitei o corpo à espera da boa notícia.

— Robby, quero viver mais alguns anos para ver você receber um diploma na faculdade e se casar.

O quê?

— Toda esta mobília de mogno mais as porcelanas, os cristais e os objetos de prata serão seus quando eu morrer, ou antes, se você quiser. Guardei tudo para você! Estou feliz por ter feito isso, porque sua mãe os teria vendido e gastado todo o dinheiro. É a sua herança. Se você e sua esposa não os quiserem, podem vendê-los e comprar outros. Esse será um bom começo de vida para você.

Gigi estava tremendo. A ideia de eu ir para a faculdade, ser um homem adulto e casar deixou-a emocionada, imaginei.

Eu, porém, estava tão decepcionado que não consegui falar. Não podia acreditar que a grande surpresa fosse essa.

Sem saber o que dizer, inclinei o corpo para a frente e abracei vovó. Ela chorou enquanto eu pensava: *Mais uma bordoada.*

E aquela conversa toda de mobília? Apenas outra história estranha na minha vida tão estranha.

Depois de um tempo, Gigi se refez e enxugou as lágrimas. — Chega deste assunto — ela avisou. — Vamos tomar sorvete!

E assim fizemos — sorvete de baunilha com calda quente de chocolate e caramelo.

Deitei naquela noite com o estômago cheio. Mas eu me sentia vazio, como sempre.

/ 8 /

A escolha

No dia seguinte, após o café da manhã, continuei decepcionado enquanto via os desenhos animados das manhãs de sábado em uma pequena TV em preto e branco, atrás da porta do quarto de Gigi.

Ela preferia ouvir rádio. Um dos programas de que ela gostava eram os dramas apresentados pela Pacific Garden Mission. As histórias sempre giravam em torno de um sem-teto abandonado ou bêbado que chegara ao fundo do poço — depois erguia a cabeça, encontrava Deus e dava uma reviravolta na vida. Eu não me interessava por aquelas coisas de Deus, mas Gigi, sim. Eu só ouvia por causa da mensagem de esperança: por pior que a vida esteja, sempre é possível dar uma virada e melhorar. Gostava da ideia, mas parecia não se aplicar a mim.

Sábado era o dia de folga de Gigi, mas, mesmo assim, pegamos o trem elevado para ir ao local de trabalho dela — Marshall Field's. Ela queria apresentar-me às suas amigas.

Eu poderia ter passado o dia na seção de brinquedos da loja, vendo o enorme conjunto de trens, os veículos, os prédios e as montanhas — tudo dirigido por um homem o tempo todo. Mas Gigi havia programado contar às suas amigas quanto eu havia crescido, comprar uma camisa para mim e ir ao Walnut Room para comer sobremesa.

O Walnut Room era imenso, com painéis de nogueira e um teto alto que pairava acima de muitos andares. Mesas pequenas cobertas com toalhas brancas e guardanapos também brancos realçavam o brilho dos cristais e da prataria. Os garçons vestidos de terno preto e camisa branca pareciam pinguins.

O frango ao molho de chocolate com um toque de hortelã estava delicioso. Depois de me empanturrar como sempre, aguardei sentado. Gigi parecia estar buscando forças para outra conversa. Eu esperava que fosse melhor que a história dos móveis.

— Robby — ela começou —, como você já sabe, o assistente social, Nola e os médicos conversaram muito comigo sobre seu futuro e o que é melhor para você.

Endireitei o corpo na cadeira. A memória adormecida de uma antiga esperança deu os ares da graça.

É agora, pensei. *Finalmente Gigi vai me convidar para morar com ela!*

— Quando a sua mãe levou você embora por muito tempo e sem permissão, o diretor do abrigo recorreu ao juiz, e ela perdeu o direito de guarda sobre você. Tia Alice, irmã do seu pai, é casada com um advogado. Ele contou para mim e para a família do seu pai que qualquer um de nós poderia reivindicar sua guarda. Por isso, Arnold, um dos irmãos de seu avô Mitchell, concordou em fazer isso por você. Talvez você não saiba, mas o pai do seu pai, o vovô Mitchell, morreu três meses depois que seu pai... depois do acidente que ele sofreu.

O quê? Do que ela estava falando?

Não vou ficar com ela? Vou ficar com um velho que nem conheço?

E aquilo não foi um acidente! Ele fez de propósito. Por que os adultos não falam francamente comigo?

Gigi deve ter percebido a confusão e a ira em meu rosto. — Ele é um homem bom, Robby — ela disse rapidamente. — Mora em Atlanta, Geórgia, e é dono da concessionária Mitchell Motors Oldsmobile and Rolls-Royce. Concordou em ficar com a sua guarda. Assim, você terá alguém da família para tomar decisões sobre o que acontece com você em lugar do Estado ou da sua mãe.

— Mas Gigi — eu disse abruptamente. — Por que não posso morar com você?

O tom de voz dela foi surpreendentemente frio. — É claro que não há esperança de que sua mãe se recupere a ponto de poder educar você. Oro todos os dias para que ela melhore para sair do sanatório e mudar-se para uma casa de recuperação. Talvez... digo talvez... ela consiga arrumar um emprego para se sustentar. Mas não acho que terá condições de cuidar de você.

Assenti com a cabeça sem dizer nada.

— Seu pai nunca vai sair do Allen Mental Hospital, na Geórgia. Ele anda, mas não se lembra de quase nada, não consegue vestir-se sozinho e fala de uma forma que ninguém entende. Ele gosta quando tio Arnold e tia Alice vão visitá-lo, mas fica zangado quando a mãe dele, a sua avó Pauline, o visita. Aliás, ele fica tão mal que proibiram as visitas dela.

Por que toda essa conversa sobre os meus parentes na Geórgia? Eu não conheço ninguém. Eles nunca se importaram comigo. Por que agora? O que Gigi está tentando me dizer?

— Robby, eu o amo de todo o coração — ela prosseguiu. — Mas preciso ser prática. Vou fazer 70 anos no ano que vem, você sabe. Estou muito velha para educar um menino impetuoso como você. É necessário um lugar melhor para um menino crescer que ao lado de uma velha como eu.

Gigi piscou emocionada, por isso forcei um sorriso para fazê-la sentir-se melhor. O "pinguim" da sala de chá voltou a encher sua xícara enquanto ela abria a bolsa para tirar um envelope de dentro.

— E, então, o que você vai fazer comigo? — perguntei.

— Quero ler para você parte de uma carta dos médicos de Chicago. John me deu esta carta. "Como Robby escapou de sofrer graves sequelas em razão do histórico da sua vida, é uma pergunta difícil de responder. Ele se vê como alguém que foi rejeitado. Quer acreditar que a culpa não é dele, mas precisa ser transferido da instituição antes que perca a capacidade de se tornar um jovem bem ajustado em termos sociais e intelectuais."

Mais enrolação.

Repeti a pergunta, mas dessa vez com tom de voz gelado. — E, então, o que você vai fazer comigo?

Gigi dobrou a carta e apresentou três opções. — Você pode permanecer no abrigo por mais nove anos até receber o diploma do colegial. Pode visitar famílias adotivas para ver se gosta de uma delas. Ou pode morar com alguém da família Mitchell em Atlanta.

Ela aguardou minha resposta.

Não vou para um lar adotivo de jeito nenhum, pensei. Os assistentes sociais já haviam conversado comigo sobre isso, e não aceitei.

Talvez houvesse bons lares adotivos, eu disse a mim mesmo, mas como poderia saber? Os meninos que se adaptaram a uma boa família não voltavam para o abrigo, mas eu nunca soube de um caso. Os meninos que eu conhecia haviam tido péssimas experiências.

Eles contaram que, se os pais adotivos tivessem filhos legítimos, pelo menos uma das crianças considerava o filho adotivo um "intruso". Conselho deles: não vá morar numa casa que tenha crianças. Tente uma onde você seja o mais novo.

Alguns meninos que eu conhecia moraram em cinco lares adotivos antes dos 10 anos de idade. Em vez de se sentirem amados, eles se sentiam como um cãozinho abandonado, tentando fazer seus "benfeitores" felizes. Os assistentes sociais não pareciam ajudar quando advertiam que as crianças adotadas poderiam ser enviadas de volta para o abrigo se não se comportassem bem.

Quando pedi a opinião de uma menina mais velha chamada Peggy, ela disse: — Não vá. — Ela havia lido a história de Anne de Green Gables, que fora enviada para um lar adotivo. O pessoal queria um menino para trabalhar na fazenda. Quando Anne chegou, a mulher ameaçou devolvê-la. Anne disse algo mais ou menos assim: "Vou tentar fazer e ser qualquer coisa que a senhora queira, desde que fique comigo".[1]

Peggy balançou a cabeça negativamente. — Pode ter certeza de que não farei isso, Robby. Não somos macaquinhos de circo para alegrar alguns pais adotivos. Prefiro continuar no abrigo a ser descartada mais uma vez.

Entendi.

Crianças como nós sonhávamos com um lar ao lado de adultos. Queríamos desesperadamente ser amados, alimentados, protegidos. Mas o pessoal encarregado da adoção nos levava para a casa de pessoas que não tinham necessariamente um compromisso de longo prazo conosco. Adultos de confiança já nos haviam decepcionado; poderíamos esperar algo melhor de estranhos?

Decidi, com relutância, tentar morar com meus parentes em Atlanta. Se não funcionasse, eu continuaria no abrigo. Não era onde eu queria estar. No entanto, depois de cinco anos, aquele era o único lar que eu conhecia.

Gigi tomou outro gole de chá e aguardou.

— Quero morar numa casa com uma família — eu disse finalmente. — Não quero ficar no abrigo nem ir para um lar adotivo. Não quero fazer parte de uma família adotiva e depois ser enviado de volta para o abrigo por um motivo ou outro.

Gigi pareceu aliviada. — Quero que faça o que achar melhor para você, Robby — ela disse baixinho. — Mas tenho de admitir meu medo de que os pais adotivos não permitam que eu veja você. Isso seria morte para mim.

— Posso tentar Atlanta, Gigi? Talvez, quando eles me conhecerem, concordem em ficar comigo. Eles são uma família, portanto eu poderia vir ver você, não?

---

[1] MONTGOMERY, L. M. **Anne of Green Gables**. Bantam Books, 1998. p. 47. [**Anne de Green Gables**. São Paulo: Martins Fontes, 2009.]

Gigi hesitou. — Acho que sim, Robby. Mas eu só poderia ver você uma ou duas vezes por ano. — Ela respirou fundo e continuou. — Entendo por que não quer ir para um lar adotivo e por que não quer permanecer no abrigo até se formar. Penso que é uma boa ideia conhecer sua família em Atlanta. Vou dizer ao pessoal do abrigo que concordo com isso.

Ela sorriu e levantou-se. — Vamos ver os trens!

Eu sempre gostava de ver o homem conduzir os trens de brinquedo em círculo. Aquele dia parecia apropriado. Eu não tinha ideia do rumo que minha vida tomaria; e não tinha meios de saber se chegaria a algum lugar.

/ 9 /

Atlanta

O MOMENTO ERA PROPÍCIO PARA CONVERSAR com meu assistente social a respeito do futuro. Mas John havia saído do abrigo. Fiquei zangado por ele ter ido embora. A meu ver, ele era apenas mais um adulto que me abandonara, e enfrentei sem nenhum entusiasmo a sessão de aconselhamento seguinte.

O assistente social, de cujo nome e rosto não me lembro, vestia uma camisa branca engomada e gravata de cor discreta. Os meninos como eu chamavam esses sujeitos de "camisa branca". A maioria parecia tão empertigada quanto as roupas.

— Estou decepcionado por você não ter aceitado o lar adotivo, Robby — ele me disse. — Entendo os seus sentimentos, mas acho que você está errado. Tínhamos muitas boas opções.

Ouvi o que ele disse, mas já havia tomado uma decisão.

— Acho que não conseguimos mostrar a vocês como esses lares são bons. Você só conheceu os meninos que voltaram de lugares que não deram certo. Temos bons lares que o aceitariam neste momento. Não vamos forçar você, mas ainda acho que deveria pelo menos tentar.

— Obrigado, mas não quero — eu disse, com voz encharcada de sarcasmo. — Não estou interessado.

— Então, fico feliz por você ter levado em consideração a família em Atlanta — ele disse com um sorriso.

— Por quê? — perguntei, como se estivesse em guerra.

— Significa que você não fechou a porta àquela opção.

— Não sei por que você e Gigi estão felizes com isso. Aquela gente não me quer. São estranhos para mim. Estive cinco anos aqui e nenhum deles veio me visitar.

— Sei como você deve se sentir — ele replicou. — Mas queremos muito que você more num lar normal. Não queremos que fique aqui até se formar.

Olhei firme para ele. — Então este lugar também não me quer mais?

Constrangido, ele gaguejou. Antes que ele pudesse coordenar os pensamentos, caí na gargalhada.

Daquela vez eu o atingira em cheio. Da mesma forma que muitos meninos no abrigo, eu tentava controlar as situações, fazendo que aquelas figuras de autoridade perdessem o equilíbrio. Alguns conseguiam isso por meio de mau comportamento ou explosão de raiva. Eu preferia torcer as palavras dos adultos e obter uma reação que me agradava.

Quando finalmente parei de rir e recuperei o fôlego, disse: — Você deveria ter visto a cara que fez. Foi *tão* engraçada!

Ele forçou um meio sorriso. *Este tipo de assistente social precisa aprender a relaxar e não levar a vida tão a sério,* pensei.

— Muito bem, Robby, podemos prosseguir?

Assenti com a cabeça, rindo ainda.

— O fato de você ter levado Atlanta em consideração é bom sinal. Significa que está bem emocionalmente, portanto...

Não ouvi o resto do que ele disse.

Não estou bem!, gritei em silêncio. *Não estou nada bem.*

Será que ele não percebeu que a única opção que eu queria era aquela da qual ninguém havia falado? Desde os 3 anos de idade, eu sonhava com o dia em que Gigi me convidaria para morar com ela.

No apartamento dela cabem duas pessoas, pensei. *Ora bolas, conheço famílias de seis pessoas que moram em apartamentos menores que o de Gigi. Não entendo! Não faz sentido ela não me aceitar. Minha mãe está trancada e fora do caminho. Então qual é o problema?*

Nos meses seguintes, continuei esforçando-me para entender a situação até o dia em que o abrigo marcou uma visita com a família em Atlanta.

Será que eles disseram a Gigi que ficarei louco como a minha mãe? Será que ela pensa que ficarei "pancada" como Pauline ou o meu pai? Ou pensa que serei um adolescente rebelde que só lhe causará problemas? Sei que ela me ama. Então qual é o problema?

Não encontrei resposta. Talvez não fizesse diferença. O controle estava nas mãos dos adultos. Eu não podia mudar nada.

Então, como as batidas em um tambor, firmes porém irritantes, a vida prosseguiu no abrigo como havia sido durante seis anos — levantar, trocar de roupa, tomar o café da manhã, ir para a escola, sofrer com as provocações, manter distância dos valentões, voltar para casa, comer um lanche, gastar energia no chão, jantar, fazer o dever de casa, ouvir histórias da Bíblia, deitar e pensar.

Pensei muito antes de chegar a uma solução. Decidi que o problema era dinheiro. Gigi não tinha dinheiro suficiente para sustentar nós dois. Era de dinheiro que precisávamos! Prometi encontrar uma forma de conseguir dinheiro.

No final da quarta série, voei pela primeira vez com Gigi para Atlanta. Foi empolgante estar dentro de um avião. Em 1964, eu não conhecia nenhum menino de 9 anos que tivesse viajado de avião.

O plano era eu passar duas semanas das férias de verão com meus parentes, para que nos conhecêssemos. Depois de uns dias, Gigi partiu.

Fiquei sozinho com tia Alice, irmã do meu pai, Mack, o marido dela, e os três filhos do casal: uma menina e dois meninos. O filho mais velho, Mack Jr., era apenas dois meses mais novo que eu. Vovó Pauline Mitchell também morava com eles.

Se o problema era dinheiro, eu estava no lugar certo. Aquela gente tinha muito dinheiro! A mansão de três pavimentos no setor Buckhead de Atlanta, com salas enormes, toneladas de móveis, biblioteca, candelabros, cinco quartos, três banheiros completos e dois lavabos, deixou-me boquiaberto. Eles tinham três banheiras e cinco vasos sanitários para seis pessoas! Que diferença da unidade dos Meninos Pequenos, onde havia duas banheiras e dois vasos sanitários para 16 crianças.

Lucille, a cozinheira de tempo integral, também morava lá. Era uma mulher calada, de compleição média e pele negra. Não havia ninguém de pele negra em Princeton, uma comunidade rural sueca. Eu já havia visto pessoas a quem minha mãe chamava de "aquela gente" em Chicago, mas não conhecia nenhuma pessoalmente. Lucille, que trabalhava para os Mitchell havia mais de quarenta anos — chegara antes do nascimento de tia Alice — parecia fazer parte da família. Até seu apartamento acima da garagem tinha um banheiro completo.

Com certeza eles têm espaço suficiente para mim aqui, pensei. *Se a gente se der bem, não haverá motivo para não me convidarem para morar com eles.*

Meus primos e eu decidimos que o pátio cercado de magnólias era a nossa área de recreação ao ar livre, que só perdia para a sala de confraternização da família no porão. Uma mesa de bilhar, de tamanho normal, ocupava o centro do lugar, acompanhada de uma mesa de pingue-pongue, sofás, lareira e bar.

Em poucos dias, meus primos me apelidaram de "Serelepe". Minha dose de energia era muito maior que a deles. Logo começaram a revezar-se para brincar comigo, dizendo que eu os deixava exaustos. "Ei, irmãzinha, agora é a sua vez", um dos meninos gritava depois de uma hora jogando bilhar, basquete ou futebol.

Quando se cansavam de brincar comigo dentro de casa, eles me levavam para nadar na enorme piscina do Capital City Club. Eu não conhecia um clube de campo; só sabia que aquele parecia ser muito caro.

Antes da minha visita ao clube, tio Mack me chamou à parte. Alto e bonito, com cabelos escuros e cheios e portando um sorriso agradável, porém distante, ele me olhou de cima a baixo e disse: — Se você quiser comer ou beber qualquer coisa no clube, Robby, peça ao garçom que coloque a despesa na minha conta.

Que legal!, pensei. Nas duas semanas seguintes comi até me empanturrar.

Os parentes em Atlanta raramente indagavam como era minha vida no abrigo. Quando perguntavam vagamente, eu me fechava e mudava de assunto — com medo de que, se falasse muito, eles me considerassem uma pessoa esquisita e não me convidassem para voltar. Eu queria que eles me achassem normal e pedissem que eu ficasse.

Fingi, por duas semanas, que aquela era a vida que eu deveria ter. Tudo era perfeito — menos vovó Mitchell.

Ela raramente saía do quarto no piso superior. Depois de dormir até o meio-dia, ela chamava Lucy pelo interfone para pedir o café da manhã. Às vezes, saía de táxi para jogar *bridge* com as amigas ou ir ao City Club. Mas passava a maior parte do tempo em sua cadeira de balanço, lendo ou vendo TV.

Quando a porta do quarto dela estava aberta, era sinal de problema. Como uma ave de rapina, ela parecia ouvir o som dos meus passos subindo a escada correndo. Em seguida, ela me chamava com voz chorosa: — Robby, meu querido, por favor, passe alguns minutos aqui com a sua avó velhinha!

Às vezes, eu lhe dizia que precisava descer a escada depressa porque havia alguém esperando por mim. Mas, em geral, a culpa me forçava a entrar no quarto dela.

— Você está se divertindo? — ela sempre perguntava. — Sente-se e conte tudo o que anda fazendo.

Depois que eu resmungava uma frase ou duas, ela assumia o controle. — Estou muito feliz por você estar morando neste lugar maravilhoso com tantas crianças maravilhosas para brincar e tantas babás — ela costumava dizer.

Eu tinha vontade de replicar: "Como você sabe? Nunca esteve no abrigo nem perguntou nada sobre mim!". Mas permanecia calado e preparado para o que viria a seguir.

— Sua mãe, abençoada seja, quase estragou sua vida, Robby. Mas vou ajudar você agora. É importante que aprenda a se comportar em sociedade. Suas maneiras em geral, principalmente à mesa, precisam melhorar. Por exemplo...

Aí, ela me fazia um sermão sobre tudo o que eu fazia errado.

No entanto, ela não abordava por muito tempo o assunto de boas maneiras e etiqueta. Logo começava a falar da minha mãe. — Ah, Robby, não gosto de falar mal de ninguém, mas sei que *aquela mulher* contou a você muitas mentiras a meu respeito e quero que conheça a verdade. Joyce é uma mulher doente, confusa. Nunca vou entender o que seu pai viu nela.

Lágrimas enchiam-lhe os olhos, mas não me comoviam. Para mim, ela era uma velha mal-humorada, uma atriz repetindo falas muito bem ensaiadas. Usava muito pó branco no rosto e muito batom vermelho. E por que uma velha precisava usar cabelos compridos até a cintura, presos em forma de coque no alto da cabeça, como se formassem um pequeno chapéu?

Ao olhar para Pauline, eu me lembrava do lobo da história de "Chapeuzinho Vermelho", fingindo ser uma avó meiga, mas à espera de uma chance para destruir. Depois de lamentar a má sorte do filho ao escolher a esposa, ela sacudia a cabeça e dizia: — Tentei falar delicadamente com ele sobre as coisas que notei a respeito da sua mãe, mas meu querido e doce Robert não me ouviu. Não entendo por quê. Eu não queria ser mandona nem interferir na vida deles; queria apenas o melhor para meu querido menino.

No ponto em que não aguentava mais, eu interrompia suas lamentações e dizia: — Com licença, vovó! Quando subi a escada, prometi a Mack que voltaria logo para brincarmos juntos.

Ela sempre me deixava ir, mas nunca sem um suspiro. Eu me levantava, beijava sua testa enrugada e empoada e saía. Não via a hora de me afastar dali para poder limpar o gosto dela que ficava grudado nos meus lábios.

Tia Alice parecia ter dó de mim quando eu ficava preso no meio daquelas conversas. Nunca perguntava nada, mas, se perguntasse, eu responderia que nada do que Pauline dissesse me deixava impressionado. Para mim, a única diferença entre Pauline e minha mãe era que Pauline era rica e morava em uma mansão, não em um hospital para doentes mentais. Ambas eram doentes, cheias de ódio — uma pela outra, pelos imigrantes, pelos negros e por qualquer um que interferisse na vida delas.

Ambas falavam mal do dr. Martin Luther King Jr. e de suas marchas em favor dos direitos civis. Depois de conhecer pessoas que trabalhavam nas casas de família em Atlanta, eu não entendia o motivo de tanto ódio. Todas tinham pele negra e eram simpáticas comigo. Por que odiá-las ou achar que não deveriam receber o mesmo tratamento dado aos brancos?

Também ficou claro para mim que Pauline não me amava mais que minha mãe o fazia. Eu era apenas mais uma questão para elas disputarem entre si. Se eu não tivesse nascido, elas estariam brigando por qualquer outra coisa. Eu não era o prêmio; o prêmio era o poder.

Voei de volta para casa sozinho. O "Camisa Branca" e Gigi me pegaram no aeroporto em Chicago. No caminho todo até Princeton, falei sobre a casa maravilhosa, o grande divertimento, aquela família tão simpática e que não via a hora de voltar. Não mencionei Pauline; seu comportamento não era tão importante para eu falar a respeito.

Assim que chegamos ao abrigo, Gigi me deu um beijo de despedida e foi conversar com meu conselheiro antes de pegar o trem de volta para Chicago. Corri para contar minha aventura a Nola.

— Você não vai acreditar — eu disse. — A casa é enorme! As crianças foram maravilhosas. Jogamos bilhar, futebol e basquete, nadamos no clube de campo e...

Quanto mais eu tagarelava, maior era o sorriso de Nola até o ponto de tomar conta de todo o seu rosto.

Será que ela está rindo de mim?, pensei.

— Do que você está rindo? — perguntei.

— Isso me faz lembrar de *Oliver Twist.*[1]

— Quem é Oliver Twist? — perguntei. — Ele chegou ao abrigo enquanto estive fora?

Nola riu, divertida. — *Oliver Twist* é a história de um menino que foi separado da família, colocado num abrigo e depois foi tirado de lá quando ficaram sabendo que sua família era muito rica.

Fiquei entusiasmado. — Posso conhecer esse menino?

— Não, Robby. Oliver é um menino de um livro de história. Você vai ler sobre ele quando estiver no ensino médio.

Franzi a testa, confuso.

— Não é uma história verdadeira, Robby. É uma história antiga e muito famosa, escrita por um homem chamado Charles Dickens.

— Você acha que sou parecido com o menino da história?

— Bom, do jeito que você gosta de comer e determinado como é, tenho certeza de que posso ver você segurando uma tigela e pedindo: "Mais mingau de aveia, por favor".

O riso dela transformou-se em gargalhada. Eu não tinha ideia do motivo para tanta risada, mas foi tão contagiante que comecei a rir também.

---

1 Dickens, Charles. **Oliver Twist**. Barnes & Noble Classics, 2003. p. 38. [**Oliver Twist**. São Paulo: Hedra, 2002.]

Finalmente ela recuperou o fôlego. — Ah, Robby. Essa é apenas uma cena famosa do livro. Sinto muito. Não pude deixar de imaginar você nessa cena.

Eu ainda não havia entendido, mas o importante é que ela não estava rindo de mim. — Então você acha que sou parecido com Oliver Twist e serei tirado daqui pela minha família rica da mesma forma que aconteceu com ele?

Como sempre fazia, Nola ajoelhou-se. Puxou-me para perto de si e abraçou-me.

— Espero que sim, Robby. Espero de coração que sim — ela disse baixinho.

Aquelas palavras pareciam mais que uma esperança. Pareciam uma oração.

/ 10 /

Há espaço?

Se fé é a certeza daquilo que esperamos, eu tinha fé pela primeira vez, depois de tantos anos, que minha vida finalmente seria normal. Meu sonho passou a ser morar com meus parentes ricos. Eu precisava causar boa impressão a eles na próxima viagem.

A quinta série não terminava nunca. Finalmente as férias de verão chegaram, e eu estava em um avião de volta a Atlanta.

Tia Alice e meu primo Mack foram buscar-me no aeroporto. Quando cheguei à casa deles em Buckhead, arrastei a mala com muito esforço até meu quarto.

Naquele exato momento, tio Mack me chamou para entrar em seu quarto e fechou a porta. — Sente-se, Robby. Preciso dizer uma coisa a você.

Meu coração começou a bater acelerado. *Ele é o chefe da casa,* pensei. *Vai dizer que posso ficar.* Tremi de empolgação.

— No último verão — ele começou —, quando eu disse que poderia pedir o que quisesse no clube, não disse para você pedir o cardápio inteiro!

Senti o rosto arder e tornar-se vermelho como uma beterraba. Tio Mack deu uma risadinha. — Robby, não quero que você se sinta constrangido. Apenas siga o exemplo dos meus filhos e coma menos, por favor.

Fiquei arrasado. Gaguejando, mal consegui desculpar-me.

Planejara o ano inteiro ser tão maravilhoso que aquela família imploraria para eu morar com ela. E agora, no primeiro momento, parecia que perdera a chance!

Como pude ter sido tão idiota na primeira vez em que estive aqui?, perguntei a mim mesmo. E pior, eu não sabia quanta comida deveria comer a partir de agora.

Decidi, portanto, seguir o exemplo do meu primo Mack. No clube, comia o mesmo tanto que ele comia — às vezes, menos.

Quando o choque daquela primeira conversa passou, as coisas pareceram melhorar. Meus primos riam muito; tio Mack também. Achei que havia sido perdoado e que eles ainda gostavam de mim. Minha esperança aumentou quando tia Alice quis que eu passasse uns tempos com os irmãos do vovô Mitchell e suas respectivas famílias. Gostei deles e me senti bem na companhia de tio Arnold e sua esposa, Annis.

Arnold era alto e magro. Tinha nariz em estilo romano, sorriso largo e risada sincera. Era dono da concessionária Rolls-Royce and Oldsmobile, tinha uma casa enorme em um terreno de mais ou menos 12 mil metros quadrados no centro de Atlanta e uma fazenda de mais de 60 hectares na zona rural. Perto do fim da minha segunda semana de férias, passei alguns dias na fazenda, trabalhando, pescando e brincando.

Tia Annis era alta e se descrevia como "garota do campo". Tinha cabelos pretos com mechas acinzentadas. Em todas as refeições ela me perguntava: — Como você consegue ingerir tanta comida, garoto? — Era difícil me controlar; o abrigo não servia peixe frito nem frango frito acompanhado de biscoitos feitos em casa com manteiga e mel. A variedade de vegetais — abóbora, tomate, quiabo, verduras, feijão-fradinho — era muito maior que a batata, o milho e o feijão verde enlatado do "governo" a que eu estava acostumado. No abrigo também não havia sorvete — e ali a quantidade era ilimitada!

Meu tempo com eles passou rapidamente. Quando disse adeus a tio Arnold, reuni coragem para fazer a pergunta mais importante na minha cabeça.

— Posso voltar e morar aqui, talvez?

Seu sorriso foi caloroso e educado. — Talvez, Robby — ele disse, mexendo no cabelo. — Pegue sua sacola; é hora de ir. Tia Alice e tio Mack estão esperando para o levar ao aeroporto.

No portão, antes de embarcar, tentei novamente. Com um sorriso largo e dedos cruzados, eu disse: — Obrigado por tudo. Adoro estar aqui. Acham que posso voltar e morar com vocês?

A resposta de tio Mack foi apertar minha mão como se eu fosse um cliente de seu escritório de advocacia. Tia Alice me deu um leve abraço.

Nenhum deles respondeu.

Apesar disso, quando voltei para o abrigo, não desisti. Comecei a perguntar frequentemente a Nola se meus tios haviam ligado dizendo que eu ia morar com eles. Nenhuma ligação.

Quando estava com Gigi todos os sábados no resto do verão, eu perguntava se ela recebera notícias de Atlanta. Todas as semanas ela respondia: — Tenha paciência, Robby. Vou falar com eles. Prometo.

No fim de agosto não consegui mais me segurar. — Gigi — perguntei, exasperado —, eu vou morar em Atlanta? Você conversou com eles?

— Nós conversamos, Robby. Mas ainda não recebi notícias deles.

Ela tentou mudar de assunto, mas eu não a deixei em paz.

— Conte-me o que eles disseram, Gigi. Sei que gostaram de mim. Eles vão me aceitar, Gigi. Sei que vão. Fiz aquela gente sorrir!

Ela bateu de leve na minha cabeça. — Talvez não seja um bom momento para eles — ela disse. — Talvez dê certo mais tarde.

Mais tarde?

Eu não queria mais tarde. Queria já.

Não ficou claro se havia lugar para mim em Atlanta. Logo depois fiquei sabendo que não havia mais lugar para mim na unidade dos Meninos Pequenos.

Na semana anterior ao começo das aulas naquele outono, Nola veio com uma bomba. — A unidade dos Meninos Pequenos está lotada, Robby. Precisamos arrumar espaço. Já que você está indo para a sexta série, e achamos que está pronto, vamos transferir você para a unidade dos Meninos Grandes.

— Nola — protestei —, não sou um menino grande! Ainda não fiz 11 anos. Não tenho nem 1,5 metro de altura. Peso menos de 50 quilos. Alguns daqueles rapazes são muito altos! São muito mais velhos que eu, Nola. Têm 16, 17, 18 anos!

— Sinto muito, Robby, mas não podemos fazer outra coisa. Temos muitos meninos pequenos aqui neste momento, por isso alguma coisa tem de mudar. Não queremos ser cruéis; apenas é assim que tem de ser.

— Mas... eles vão me machucar lá!

— Sinto muito, Robby, sinto muito mesmo — ela disse baixinho. Então, como se fosse uma mãe ursa que sabe a hora de deixar os filhotes para que aprendam a viver sozinhos, ela deu meia-volta e afastou-se.

O encarregado de cuidar dos Meninos Grandes ajudou-me na mudança para o novo prédio e mostrou qual era o meu quarto. Enquanto eu carregava uma caixa com objetos pessoais pelo saguão, um dos meninos grandes gritou: — Carne fresca no pedaço! — Ouvi risos abafados.

Meu novo colega de quarto não estava lá quando cheguei. Nola dissera que ele tinha três anos a mais que eu, porém me assegurou que era mais simpático que a maioria dos outros rapazes.

Com o tempo, vi que ele era legal, mas não me defendia nem se tornou meu amigo. Eu estava sozinho na cova dos leões.

Logo fiquei sabendo que aqueles leões tinham um plano para mim. Todos os dias, de uma forma ou de outra, eu seria espancado. Todos os dias um menino mais velho faria questão de me lembrar da hierarquia no galinheiro: o mais forte bica o mais fraco. Não era uma questão de saber se o castigo seria aplicado — a questão era quem o aplicaria.

Eu não era a única vítima. Normalmente, um menino mais velho que chegava ao abrigo de mau humor descontava no menino mais próximo. Olho preto ou sangue visível significava encrenca, por isso aqueles rapazes nunca deixavam marcas evidentes. Uma pancada na cabeça com os nós dos dedos era uma de suas maldades favoritas; deixava galos doloridos ocultos sob os cabelos. Socos no antebraço dados no saguão também eram comuns.

Quando eu saía do quarto e via um dos "rapazes malvados" vindo pelo corredor, voltava a entrar e fechava a porta. Infelizmente, as portas não tinham fechadura. Às vezes o rapaz passava direto, mas quase sempre entrava no quarto atrás de mim.

Um dos grandalhões mais maldosos nunca passava direto. Sempre forçava a entrada, empurrava-me para trás e me espremia entre a porta e a parede. Às vezes aquilo o deixava satisfeito. Ou então ele me levantava do chão e me rodava pelo quarto com as pernas e os braços no ar. Um soco bem dado na minha cabeça, e ele seguia seu caminho sem deixar rastro.

Eu não tinha força para lutar com aqueles rapazes truculentos, mas sentia vontade de revidar. Quando me queixei com Nola no *playground*, ela replicou: — Nunca vi você iniciar uma briga, Robby. Mas também nunca vi você fugir de uma. Talvez possa tentar isso um dia. Você descobrirá que sua atitude acabará com o joguinho que aqueles grandalhões inventaram.

Talvez ela estivesse certa. Mas, mesmo que eu tivesse autocontrole para me afastar sem dar o troco, não queria fazer isso. Queria esmagar os meus inimigos até que minha raiva e minha frustração desaparecessem.

Só que elas não desapareceram. Aumentaram ainda mais.

Logo depois, meus esforços para extravasar a raiva tomaram um rumo sombrio. Já que não podia derrotar meus algozes humanos, comecei a jogar minha frustração sobre animais indefesos.

Tudo começou quando pedi a Gigi que me comprasse um conjunto de produtos químicos naquele Natal. Ela concordou, imaginando que eu quisesse ser médico ou cientista. Nas tardes de sábado eu pegava alguns frascos de produtos químicos, montava na minha bicicleta e pedalava vários quilômetros até o riacho que passava perto do aterro da cidade.

Ali, ninguém me perturbava. Mas havia uma boa quantidade de rãs à mão para as minhas experiências.

A princípio, investiguei quais eram os produtos químicos capazes de cegá-las. Por um tempo, senti a cruel satisfação de vê-las pulando de um lado para o outro, batendo em tudo, mas logo me cansei daquela brincadeira.

Passei a explodir coisas. Aprendi nas aulas de ciências que determinados produtos químicos, quando misturados, criavam explosões. Fertilizantes e bombinhas roubados tornaram-se minhas armas favoritas; e as rãs, minhas vítimas. Eu as chamava pelos nomes dos grandalhões e depois as fazia explodir.

Ao ver os substitutos dos meus algozes explodindo, eu me sentia melhor, pelo menos temporariamente. Mas aquilo não resolveu todos os meus problemas. Atravessei a sexta série sem ser descoberto — e também sem chegar perto de ter o lar verdadeiro que almejava.

Naquele verão, voei para Atlanta mais uma vez. E mais uma vez me senti como ator de uma tragicomédia — recepção calorosa, muitos divertimentos, sempre perguntando se poderia morar com eles antes do início da sétima série.

E mais uma vez, o mesmo silêncio.

Chegara a hora de cursar o ensino médio. Eu aguardava ansioso por um novo começo em uma nova escola.

Gigi comprou duas calças e duas camisas para mim. Eu as usava com orgulho; todos os dias, durante a primeira semana, eu mudava ou a calça ou a camisa para fazer combinações diferentes.

Nem todos ficaram impressionados. No fim daquela semana, uma garota do abrigo me olhou de cima a baixo com desprezo. — De novo com *esta* camisa? — ela disse baixinho. — Você não tem outra roupa para vestir?

Perplexo, eu não soube o que responder. Momentos depois, porém, gritei silenciosamente com ela.

Estas são as melhores roupas que tenho! São novas, não de segunda mão. Pena que as minhas roupas não sirvam para você, alteza. Não posso fazer nada. Foi o que Gigi conseguiu comprar.

Senti vontade de socar aquela garota de nariz empinado e fazê-la engolir minha camisa desprezível. Mais uma vez, fiquei olhando, sem tomar nenhuma atitude.

A sétima série não era melhor que as outras. O local era novo, mas a luta não era. Passei o ano fora das "panelinhas" e continuei a servir de saco de pancadas para os meninos maiores do abrigo.

Uma criança diferente subiu a bordo do avião para Atlanta no verão seguinte. Havia um vulcão em erupção dentro de mim.

Tenho de sair do abrigo antes de cometer uma loucura, pensei. *Esta pode ser minha última chance. Preciso descobrir o que tio Mack e tia Alice querem que eu seja, para poder ficar com eles. Tenho de fazer isso.*

No entanto, logo depois que cheguei a Atlanta, meu plano foi subitamente interrompido.

— Tio Warren vai levar você a Greensboro, na Carolina do Norte, na próxima semana — tia Alice me contou. — Foi lá que seu avô Mitchell e todos os irmãos e irmãs dele cresceram. A família da Carolina do Norte vai se reunir para um piquenique, e você foi convidado.

Ela falou como se aquilo fosse um grande presente. Eu tinha minhas dúvidas. Passara apenas algumas horas com esse tio. Ele era vendedor de seguros e o mais velho dos irmãos. Sobre o que conversaríamos em uma viagem tão longa?

De repente, percebi que tio Warren poderia fazer parte do meu plano. *Ei, seu boboca,* eu disse a mim mesmo. *Será uma boa oportunidade para você deixar aquele cara fascinado. Aí, ele ficará do seu lado quando você pedir para morar aqui.*

Na semana seguinte, esforcei-me em dobro para ser educado e prestativo com tia Alice, tio Mack e os primos. Não pedi ao garçom do City Club que incluísse despesas minhas na conta do meu tio. Até passei algum tempo com vovó Pauline.

Quando chegou a hora de ir para a casa de tio Warren, despedi-me dos meus primos. Depois, abracei tia Alice.

— Quem sabe eu possa voltar e morar aqui — eu disse. —Vou perguntar a Gigi se ela concorda.

Esperei atentamente por uma resposta. O sorriso caloroso dele transformou-se em uma máscara inexpressiva.

Ela não disse: "Que ótimo!".

Não disse: "Vamos pensar no assunto".

Nem sequer disse: "Sinto muito, Robby, mas provavelmente não vai dar certo".

Ela não disse absolutamente nada.

Eu justifiquei para mim mesmo que era porque ela já tinha três filhos. E, provavelmente, eu seria um a mais para eles criarem.

Agora eu sabia o que uma porta fechada significava. Aquela porta estava fechada. Era hora de bater em outra.

Preciso ser muito simpático com tio Arnold e com tio Warren, pensei. *Um deles com certeza vai me aceitar.*

Passei alguns dias na fazenda com tia Annis e tio Arnold antes que eles me deixassem na casa do tio Warren. No momento da despedida, fiz uma última tentativa.

—Tio Arnold, eu adoraria ficar com você — eu lhe disse. — Será que você e Gigi podem dar um jeito para que eu volte e fique morando aqui?

Ele assentiu com a cabeça, mas somente para dar a entender educadamente que havia entendido. Não houve nenhuma palavra de esperança.

Como sempre, o silêncio evidente disse tudo o que eu não queria ouvir.

/11/

Por quê?

O Cadillac de tio Warren era tão grande que parecia uma barca. Enquanto dirigia, ele me contava histórias e mais histórias sobre a família do meu pai.

Fiquei sabendo que meu avô, Bob Mitchell, era o terceiro dos 11 filhos da família. Tio Warren era um ano mais velho. Todos os irmãos Mitchell tinham nariz grande em estilo romano. Cinco dos irmãos eram altos; quatro eram baixos e gordos. Tio Warren se encaixava nesse último grupo.

Os nove meninos e as duas meninas foram sustentados pelo pai, um homem pobre e arrendatário de terras para cultivo próprio. Em 1910, ele transportava tijolos em sua carroça puxada por mulas para ajudar a construir a Guilford College em Greensboro, Carolina do Norte.

Muitos anos depois, meu avô Mitchell e alguns de seus irmãos conseguiram estudar lá. Depois que definiram a carreira a ser seguida, eles compraram uma casa para os pais em Greensboro e os ajudaram financeiramente para que se sentissem confortáveis na velhice. Uma das irmãs de vovô Mitchell também morou naquela casa com o marido para cuidar dos pais até a morte deles.

Com esse histórico ilustre, a família agregada da Carolina do Norte se reuniria novamente para seu piquenique anual.

Todos me receberam cordialmente. Era uma família na qual havia amizade, carinho.

— Seu pai era um santo quando criança — uma tia me contou.

— Foi santo a vida inteira — a outra complementou. — Imaginem como era a vida dele morando com Pauline! — Os tios riram.

Entendo o que você quer dizer, pensei.

No entanto, apesar da boa acolhida, eu me sentia confuso. *Por que Gigi não me falou a respeito desses homens? Tio Mack e Mack Jr. não falaram sobre eles. Vovó Pauline também não mencionou o nome deles.*

Nenhum desses parentes da Carolina do Norte tentou entrar em contato comigo. Como eles sabiam que eu estava vivo?

Logo depois fiz amizade com alguns meninos da minha idade e joguei bola com eles, mas continuei a me sentir um intruso. Quando perguntavam sobre os meus interesses na escola e nos esportes, os adultos não mencionavam o abrigo. Era como se todos tivessem sido avisados para não tocar no assunto.

Naquela noite, enquanto o sono tomava conta de mim, os pensamentos giravam na minha mente. *Eles sabem que moro num abrigo. Devem saber que não quero continuar lá. Então por que não me convidam para morar com eles?*

Será que vovó Pauline contou a eles que sou um menino mau? Eles odeiam minha mãe? Qual é o problema?

Com certeza os tios de Atlanta não vão me convidar para ficar com eles. Então por que um destes tios não me convida? Tenho mais ou menos a mesma idade dos filhos deles. Tudo se encaixaria.

No dia seguinte, tio Warren me levou à Guilford College. Eu estava prestes a pronunciar as perguntas que me martelaram a cabeça na noite anterior quando ele fez uma comunicação bombástica.

— Sabe de uma coisa, Robby? — ele disse. — Se você continuar a tirar boas notas, poderá estudar em Guilford. Depois que nossos pais morreram, nós, os filhos, financiamos uma bolsa de estudo para a faculdade em homenagem a eles. Você tem direito a isso se as suas notas forem aceitas.

Eu não conseguia acreditar. *Poderei ir para a faculdade? Ninguém do abrigo vai para a faculdade!*

Até onde eu sabia, apenas um menino conseguira. Ele obteve uma bolsa de estudo esportiva como jogador de basquete depois de morar no abrigo por apenas um ano e meio.

A maioria dos meninos deixava o abrigo ao completar 18 anos, alguns sem se preocuparem em cursar uma faculdade. Os que terminavam o ensino médio não iam para a universidade. Eu conhecia vários que acabaram mortos ou presos antes de chegar aos 21 anos. O resto sumia. Em geral, trabalhavam em empregos sem futuro.

Lembro-me de ter mencionado a palavra "faculdade" em uma "reunião de amigos" com outros meninos do abrigo. Os mais velhos caíram na gargalhada. — Ah, claro — um deles disse. — Mesmo que a gente fosse inteligente, o que não é o caso, cadê o dinheiro?

— Pare de sonhar, garoto — outro complementou. — Você ficará aqui até eles jogarem você na rua. Aí, você ficará à toa como nós. Não existe faculdade no seu futuro, garoto. Sem chance! A faculdade só aceita garotos bons, e garotos como nós não são bons do jeito que eles querem.

Pensei em dizer algo mais ou menos assim: "Talvez eu tenha sorte", mas mantive a boca fechada. *Ele está certo,* pensei. *Não sou inteligente, e Gigi não tem dinheiro para pagar. O dentista disse que preciso usar aparelho nos dentes, e o Camisa Branca respondeu que não havia dinheiro para esse tipo de coisa. Se não há dinheiro para aparelho nos dentes, com certeza também não há para faculdade.*

E se a faculdade era apenas para os bons meninos, eu ficaria de fora, certo? Havia sido abandonado em um abrigo. Com certeza aquilo comprovava que até o Deus de Nola achava que eu não era um bom menino.

Essa lembrança se tornou vívida enquanto tio Warren e eu andávamos a esmo pelo *campus* de Guilford. Eu não conseguia acreditar no que estava acontecendo.

Até o reitor da faculdade pareceu feliz por me conhecer. — A Guilford College sente orgulho de ter conferido diploma a tantos homens da família Mitchell — ele disse. — Somos muito gratos pela generosidade da sua família. Você também tem um lugar no Guilford, rapaz. Estude bastante e, quando terminar o ensino médio, poderá beneficiar-se da bolsa de estudos à sua espera.

No entanto, assim que o passeio terminou, a importância da bolsa de estudos começou a diminuir. As perguntas da noite anterior voltaram, acompanhadas da raiva que senti da família que aparentemente me rejeitara.

No caminho de volta a Atlanta e durante o voo para Chicago, tentei o tempo todo reprimir a raiva que queria explodir dentro de mim.

De volta ao abrigo, exigi uma reunião com meu novo conselheiro, um sujeito chamado Marv.

— Que sujeira é esta que está acontecendo? — gritei, entrando intempestivamente em sua sala. Bati a porta e comecei a andar de um lado para o outro em frente à mesa dele.

Marv ficou atônito. Já me vira frustrado, frio e distante, mas nunca com aquela fúria toda.

— Estou nesta situação por causa desta vida ao deus-dará que estou vivendo! — gritei, dando um soco na mesa dele. — Quem está fazendo isso comigo? Quem? Diga! Com quem devo ficar furioso?

— Acalme-se, Robby — ele disse brandamente. — É melhor você se sentar para podermos conversar.

— Estou cansado de conversar! Não quero sentar. Quero que alguém me dê uma resposta direta.

— Qual é a pergunta?

— Você é burro? Quero saber quem está fazendo isso comigo. Quero saber, para odiar esse cara!

— Fazendo o que, Robby?

— Fechando as portas de Atlanta ou da Carolina do Norte, seu cabeça de bagre. Diga! Quem é? Estou aqui nesta droga de abrigo desde os 3 anos. Já passaram nove anos! Tenho uma família em Atlanta e parentes em Greensboro. A *família do meu pai*, se é que você me entende! E a vida deles não é apenas confortável. Eles não pertencem à classe média. São podres de ricos!

— Há mais de 40 famílias naquela região — prossegui — que poderiam me criar, Marv. E, quando perguntei a alguns deles, ninguém disse nada! Você entendeu? *Ninguém disse nada!* Ninguém teve a coragem de me dizer na cara: "Isso não vai acontecer, Robby. Você não vai morar conosco".

Meu tom de voz subiu enquanto a fúria continuava a aumentar. — Por que, Marv? Não sou tão mau assim! Não pedi para nascer. Não pedi que meu pai bêbado me abandonasse. E com certeza não pedi para ter uma mãe psicótica! E estou sendo castigado por causa deles? Por que ninguém me aceita? *Por que não posso pertencer a alguém e ter um lar*?

Vinda de um lugar profundo dentro de mim, a ira se transformou em grito. Fechei a mão com força e, sem pensar, esmurrei a parede.

Marv deu um salto. Ouvi som de passos pesados no corredor. A porta foi aberta com força. Outro assistente social entrou.

— Está tudo bem aqui, Marv?

— Sim.

O homem arregalou os olhos para mim, e olhei firme para ele. — Não se preocupe — eu disse. — Não vou matar *este cara*.

O assistente social olhou para Marv, que assentiu com a cabeça. Finalmente o sujeito saiu da sala.

— Feche a porta, cara! — berrei.

— Sente-se, Robby — Marv disse. — Por favor.

Minha raiva passou, atirei-me na cadeira e olhei para o chão.

Marv permaneceu em silêncio por vários minutos, pensando. Não pude deixar de notar que ele era parecido com Abraham Lincoln — alto, magro e com a barba aparada.

Por fim ele falou. — Estamos intrigados com a mesma pergunta, Robby. Vou ser sincero, mas você não vai gostar da minha resposta.

Aguardei com os olhos fixos nele.

— Vou deixar de lado toda a psicologia e ir direto ao assunto — Marv começou. — A única resposta é que Gigi não quer abrir mão de você. Ela não vai poder ver você com frequência se for para Atlanta. — Ele parou e aguardou minha explosão.

Olhei firme para o chão. Depois de ter pensado muito no assunto, eu precisava de um minuto para organizar as ideias. Finalmente ergui a cabeça calmamente e disse: — Entendo o que você diz, Marv, mas está enganado. Sei que tem pensado muito no assunto, mas já perguntei a Gigi.

— Sério? Quando? — perguntou Marv, surpreso.

— Perguntei a ela no voo de volta de Atlanta neste verão.

— O que você perguntou?

— Eu disse a ela que os parentes do meu pai em Atlanta e na Carolina do Norte tinham família e dinheiro para me criar, mas estava claro que eles não queriam. Disse a ela que tia Alice e tio Mack gostaram de mim. Tio Arnold e tia Annis também gostaram de mim. Mas não me aceitavam. Tio Warren foi legal, mas acho que nenhuma das famílias da Carolina do Norte estava interessada em mim. Gigi não disse nada, por isso segurei a mão dela, olhei firme em seus olhos e perguntei: "Estou preso aqui, porque você não quer que eu vá morar muito longe?".

— O que ela disse?

Respirei fundo antes de prosseguir. A sensação de trocar de lugar e estar no controle da conversa era agradável.

— Ela começou a chorar. Abraçou-me e chorou muito por um longo tempo. Finalmente, enxugou o rosto, sacudiu a cabeça e disse: "Não é isso, Robby. A sua infância toda partiu o meu coração. Eu faria qualquer coisa para você ter uma vida normal. Mesmo que isso signifique que eu possa ver você apenas uma vez por ano".

Fiz uma pausa e depois prossegui sem emoção: — Eu acredito nela, Marv. Gigi não mente para mim. Nem sempre ela diz tudo, mas nunca mentiu para mim.

Ergui a cabeça. Marv assentiu, portanto prossegui.

— Gigi contou que ficou muito triste quando soube que Atlanta não daria certo. Ela tinha certeza de que a culpa não era minha. Mas não me explicou por que não daria certo. Não tenho certeza se ela sabe e não quer contar. Ou então ela sabe, mas não tem como explicar. De qualquer modo, não acredito que seja Gigi. Portanto, se não é Gigi, Marv, quem é então e por quê?

Permanecemos em silêncio por longo tempo.

Finalmente Marv falou. — Sinceramente, não tenho ideia, Robby. Também estou sendo totalmente honesto com você. Pensei que fosse Gigi, mas não é. Estou inclinado a aceitar seu ponto de vista, mas isso me deixa sem resposta para você.

— Se a possibilidade em Atlanta não existe — ele prosseguiu — e você não aceita ir para um lar adotivo, então temos de encontrar um jeito de ajudar você a atravessar os próximos cinco anos até ter idade para viver por conta própria.Você está disposto a nos ajudar a controlar sua raiva?

Levantei-me. — Não estou com raiva de você, Marv. Nem de Gigi. — Caminhei em direção à porta, abria-a e olhei para trás. — Também não estou disposto a ajudar você a controlar minha raiva. A verdade é a seguinte: eu não quero controlá-la. Quero apenas magoar alguém.

A minha voz era fria como gelo, mas o fogo da minha raiva estava mais quente que nunca.

/ 12 /

Ganhando poder

Preciso ganhar dinheiro!

Se o meu futuro estava nas minhas mãos, se os parentes não me queriam, se Gigi não podia sustentar-me, então era hora de procurar emprego.

Eu tinha apenas 12 anos naquele agosto de 1967, mas estava pronto para descobrir se poderia ganhar dinheiro e conseguir algumas "coisas". Era tempo de crescer e provar a Gigi que eu era um homem.

Quando as crianças como eu terminavam o ensino médio e recebiam diploma, tinham de deixar o abrigo em agosto. Cada menino seguia seu caminho, recebendo um novo agasalho, uma passagem de ônibus até o destino de sua escolha, um aperto de mão e o desejo de "boa sorte, rapaz". Entrávamos no mundo adulto sem dinheiro, sem apoio da família e sem uma reputação digna.

Depois da visita à Guilford College, entendi que o meu futuro só dependia de mim mesmo. Se estudasse bastante, trabalhasse com afinco e economizasse algum dinheiro, talvez conseguisse ter uma vida melhor. Talvez pudesse ser como minha família de Atlanta, vivendo confortavelmente em um mundo cheio de dinheiro e poder.

Vovô Mitchell foi um homem rico, e seis irmãos dele eram milionários — uma raridade na década de 1960. Talvez a fortuna deles respingasse em mim.

Antes de morrer, meu avô fora vendedor de primeira linha de uma fábrica de equipamentos industriais para produzir correias de couro que fizeram girar milhões de máquinas durante a Primeira e a Segunda Guerra Mundiais. Alguns de seus irmãos — meus tios-avôs — também eram milionários. Tio Bill fez fortuna vendendo materiais e equipamentos de escritório em Washington, D.C. Tio Arnold foi advogado, mas desistiu da profissão para vender carros. Tom possuía revendedoras de Jeep e Buick em Atlanta; Howard vendia Cadillacs na Flórida; Warren fez fortuna no ramo de seguros. Depois de cada visita de verão, eu imaginava que poderia ser rico também.

Portanto, em um sábado quente de verão, antes de entrar na oitava série, rodei a cidade inteira de Princeton à procura de emprego. Achava que ninguém me aceitaria, mas estava determinado a tentar.

Em cada estabelecimento em que parava, eu recebia um rápido "Não!". Não sabia se o motivo era porque eu tinha 12 anos ou porque eles não confiavam em meninos do abrigo.

No final de uma tarde longa e triste, fui parar em um depósito de madeira perto dos trilhos de trem. O dono estava encostado em uma pilha de madeira. Endireitando os ombros para parecer mais alto, caminhei na direção dele e disse: — Quero um emprego, senhor. Pode ser qualquer coisa. O senhor me daria uma chance de trabalhar aqui para provar que sou esforçado? Por favor, senhor, dê-me uma chance.

Os olhos fundos no rosto marcado pelo tempo percorreram meu corpo de cima a baixo. O homem mordeu o lábio inferior e encarou-me. Olhei para ele com confiança, sabendo que dois anos de levantamento de pesos me davam uma aparência de 14 anos em lugar dos meus verdadeiros 12 anos.

Talvez tenha sido a minha autoconfiança. Talvez ele tenha visto um menino inexperiente com iniciativa para pedir emprego. — Está bem, garoto. Volte no sábado. Vou dar um trabalho pesado para você. Se você se sair bem, o emprego é seu.

Quando o sábado chegou, eu mal podia esperar para chegar lá.

— Pronto para trabalhar, garoto? — o dono perguntou.

— Sim, senhor.

Um vagão de carga acabara de chegar, lotado de sacos de mais de 20 quilos de concreto em pó, empilhados em *pallets*. Os empregados usavam empilhadeiras para tirar os *pallets* do trem e deixavam a mercadoria do lado de fora do depósito.

— Quero que você descarregue todos os *pallets*. Leve cada saco ao depósito e empilhe-os em ordem — o dono instruiu. Em seguida, piscou para os dois homens perto dele e afastou-se, assobiando.

Quando terminei, havia descarregado cerca de 2,5 toneladas de concreto. O suor pingava de cada poro do meu corpo. Até os músculos que controlavam as orelhas gritavam de dor.

No entanto, endireitei o corpo e fui falar com o dono. Para minha surpresa, ele não chamou uma ambulância quando me viu de perto.

— Terminei, senhor — eu disse com voz trêmula. — O emprego é meu?

— Filho, você fez mais do que devia para trabalhar aqui. — O largo sorriso no rosto dele escondeu metade de suas rugas. — Volte no próximo sábado por volta das 7 horas.

O abrigo ficava a apenas cinco quarteirões de distância do depósito de madeira, mas eu não tinha certeza se as minhas pernas trêmulas conseguiriam arrastar-se até lá. Reunindo cada partícula de determinação que me restara, coloquei os 2 dólares ganhos no bolso traseiro e caminhei de cabeça erguida até ficar fora da vista do dono da madeireira. Em seguida, curvei os ombros, soltei os braços e percorri penosamente o caminho de volta ao abrigo.

Aparentemente seria impossível subir a escada até o segundo andar, mas consegui. Quando desabei na cama, quase chorei de dor.

Nos dois anos seguintes, trabalhei todos os sábados no depósito de madeira, ganhando 25 centavos de dólar por hora. Também cortava grama, usando o cortador do abrigo e pagando a gasolina. Em dois verões, trabalhei retirando cabelos de espigas de milho e ensacando-os para empresas de alimento, que os usavam para germinar novas sementes. Era um trabalho cansativo e que me dava calor e muitas coceiras.

O trabalho de colocar feno em fardos não foi adiante em razão dos espirros produzidos por uma alergia que quase me matou. Mas eu fazia serviços pesados em uma lavadora de carros e retirava neve da entrada das casas. Às vezes, ia para a escola usando as roupas de trabalho, com neve no cabelo e suor congelado nas sobrancelhas. O trabalho era árduo, mas eu conseguia ganhar dinheiro e ainda participava de algumas modalidades esportivas.

Naquela época li *Up to Slavery* [A partir da escravidão], de Booker T. Washington,[1] o escravo que se tornou educador. Imediatamente ele passou a ser um dos meus heróis. O trabalho não causa vergonha a ninguém, ele escreveu. Washington aprendeu a amar o trabalho não apenas por causa do dinheiro, mas também pelo valor do trabalho em si. Ele descobriu que, quando fazemos algo que o mundo deseja, conseguimos independência e autoconfiança. Eu estava começando a entender o que ele queria dizer.

Ele também se interessava pelas coisas da Bíblia. Esse era o nosso ponto de divergência.

Naquele ano, sofri para assistir às aulas de catecismo na igreja local. Algumas eram interessantes. Quando, porém, a aula terminava, eu fazia um estardalhaço dizendo que não queria frequentar a igreja.

Nola foi encarregada de conversar comigo sobre essa questão. Ela abordou o assunto com gentileza, mas eu não aceitava a ideia.

— Não entendo esse Jesus que eles ensinam — disse a Nola. — E tem mais. Se Deus é tão bom, por que estou aqui?

---

1 Signet Classics, 2000.

Nola sabia o momento de recuar, e fez isso. Os líderes da igreja e do abrigo deixaram claro que não estavam felizes comigo. Eu era o único menino que se recusava a frequentar a igreja.

Eu não me importava. Estava ganhando dinheiro, e o dinheiro me salvaria.

Sabendo que não poderia guardar dinheiro no meu quarto na unidade dos Meninos Grandes, abri uma caderneta de poupança no banco. Parte do dinheiro era presente da família — como as notas de 10 e 20 dólares que tio Arnold enviava de vez em quando, e a de 100 dólares que me deu em um Natal. Tio Tom e tio Warren tomaram conhecimento da generosidade do irmão e agiram da mesma forma. Com isso, fui capaz de voltar para casa em um verão com a vertiginosa quantia de 200 dólares.

Minha caderneta de poupança era um segredo muito bem guardado. Alguns meninos começaram a sentir inveja de mim por eu ter uma avó que me amava, usar roupas melhores que a deles e passar férias em Atlanta todos os anos. Não fazia sentido levar esse assunto adiante.

Eu tentava economizar pelo menos metade do dinheiro que ganhava de presente e do trabalho. À medida que o saldo da conta aumentava, minha confiança também aumentava. Meu objetivo era ser independente, e parecia que o dinheiro era o caminho para chegar lá.

Vou sobreviver quando sair deste lugar, prometi. *Não vou ficar sem casa para morar como minha mãe nem vou apodrecer na prisão como alguns dos trastes daqui.*

Ter dinheiro para gastar não era meu único objetivo. Ajuntar dinheiro também era um jogo. Da mesma forma que meus tios usavam o dinheiro para ter sucesso na vida, eu queria saber quanto dinheiro teria no banco antes da formatura. Esperava ter uma soma suficiente para sobreviver até encontrar um emprego verdadeiro.

Quando sentia vontade de esbanjar, lembrava a mim mesmo que necessitava do dinheiro para não ir parar na cadeia. Raramente ouvíamos falar sobre meninos do abrigo que se deram bem na vida; ouvíamos apenas histórias negativas, e havia muitas.

Meu plano era ajuntar 3 mil dólares no banco quando recebesse o diploma do ensino médio. *Isso me sustentará por uns dois anos numa faculdade estadual em Illinois,* eu dizia a mim mesmo, *ou me dará condições de comprar um Mustang novinho em folha. A história da bolsa de estudos em Guilford pode não dar certo, e não tenho certeza se quero ir para a Carolina do Norte e ficar tão longe de Gigi.*

Meus tios-avós sempre falavam em investir em ações. Com o passar do tempo, foi o que eu fiz, assim que consegui economizar dinheiro suficiente — comprei ações de duas empresas em Illinois cujos produtos muito me agradavam — McDonald's e Playboy.

Meus objetivos na vida, tanto financeiros quanto em outros setores, estavam começando a mudar. Em vez de trabalhar para "encher a pança", eu queria ter dinheiro para me vestir bem. Em vez de querer passar de ano, eu queria tirar boas notas para entrar na faculdade. Em vez de andar a esmo e ter uma vida vazia, eu queria ser um homem de futuro.

Determinado a não ser um inútil como alguns dos rapazes do abrigo, prometi que ninguém me visitaria na prisão nem choraria no meu enterro quando eu completasse 21 anos.

No entanto, eu não tinha a menor ideia de como isso aconteceria.

/ 13 /

O encontro

MINHA MÃE FOI LIBERADA quando eu estava na oitava série.

Na ocasião — em 1967 — acreditava-se em larga escala que as pessoas internadas em instituições para doentes mentais podiam viver por conta própria ou em casas de abrigo para doentes crônicos. Os advogados especializados em doenças mentais pediram a alta dos pacientes. O Elgin State Mental Hospital e outras numerosas instituições deram alta a muitos deles — inclusive à minha mãe.

Fazia alguns anos que não nos víamos. Eu não tinha nenhuma saudade dela.

Pelo fato de eu me sentir um pouco culpado quanto a isso, o conselheiro Marv achou recomendável que eu fosse vê-la e tomou as providências para que Gigi me levasse lá.

Quando chegou o dia, pegamos o trem para Chicago. No dia seguinte, Gigi e eu fomos ao centro da cidade. Encontramo-nos com a minha mãe em um restaurante de baixa categoria perto da casa de recuperação onde ela morava.

Gigi tentara preparar-me para o que eu veria. —Você ficará surpreso com a aparência de sua mãe — ela avisou.

Ficar surpreso foi pouco. Fiquei boquiaberto quando vi o estado lastimável da minha mãe.

Ela sempre foi magra. Mas naquele dia sua face me fez lembrar as pessoas que vi em fotos de prisioneiros de guerra. O cabelo tinha cor de neve suja. Se alguém tentasse penteá-lo, não conseguiria; estava todo espetado.

Seu vestido azul-claro, antigo e desbotado, uma relíquia da década de 1950, tinha mangas curtas com punhos brancos, uma fileira de botões de cima a baixo no meio e um cinto branco de plástico. A saia rodada fazia par com o tênis e as meias soquetes. O traje todo, manchado e com cinzas de cigarro, parecia um saco de farinha amassado.

A impressão foi péssima. Mas o que realmente me chamou a atenção e me deu um nó no estômago foi o olhar dela.

Eu conhecia o olhar de pessoas que perderam a esperança. Não tinha brilho. Já vira muitas vezes aquele olhar vazio nos meninos que passaram pelo abrigo. Certa vez, ouvi Nola chamar de "olhar perdido no tempo" a forma pela qual meninos como nós fitavam a eternidade, querendo saber por que ninguém vinha tirá-los dali.

Dois irmãos no abrigo tinham esse olhar. Os pais e as duas irmãs deles haviam desaparecido, deixando-os sozinhos. A polícia e os assistentes sociais nunca encontraram as pessoas que os haviam abandonado.

Um menino que eu chamava de "Coelho" também tinha esse olhar. Aos 10 anos de idade ele precisou impedir que a mãe, uma mulher com doença mental, estrangulasse a própria filha de 3 anos de idade.

E eu via aquele olhar todas as manhãs quando olhava no espelho.

No entanto, o olhar da minha mãe era pior. Não havia nada por trás dele. Ela parecia não pensar em nada, não ter nenhum sentimento. Havia apenas uma escuridão espalhando-se no infinito.

Suas olheiras eram bem visíveis, como se ela não tivesse dormido durante semanas. Minha mãe parecia um zumbi de filme de terror.

Ela também estava em um lugar que eu não conhecia. Tudo o que consegui fazer foi olhar firme para ela.

— Como vão as coisas, Robby? — Gigi perguntou para quebrar o silêncio.

— Tu...tudo bem — gaguejei.

— E você, Joyce? Como vai? — ela perguntou à minha mãe.

Aguardamos a resposta. As palavras dela saíram lentamente da boca, como se estivessem com medo do que encontrariam — Es... tou... bem... Eles estão tentando... me curar... Preciso deixar que eles...

Gigi inclinou o corpo para a frente a fim de ouvir melhor. Continuei olhando para ela.

— Es... tou... tomando... uns... remédios muito fortes...

Qual é?, pensei com impaciência. *Fale normal. Desembuche.*

Gigi encorajou-a a prosseguir.

— ... para... ajudar o meu cérebro... a coordenar os pensamentos.

Ela esticou o braço lentamente para pegar um guardanapo de papel e limpou a saliva no canto da boca.

Gigi, acabe logo com isto!, implorei silenciosamente. *Vamos embora!*

— Quando meu cérebro... se movimentava muito rápido... — minha mãe franziu a testa à procura de palavras —, eu não conseguia pensar... não conseguia ficar no emprego... não conseguia tomar conta de mim.

Você também não consegue pensar agora. Pare de tomar remédio! Aí, quem sabe você possa tomar conta de mim como uma mãe de verdade.

— Esses remédios deixam meu cérebro lento... Tenho de pensar... em me levantar... antes de me levantar.

Ela hesitou como se procurasse alguma coisa.

— Estou muito devagar... Pareço uma mulher embriagada.

Grande novidade!, pensei. *Você nunca se preocupou com isso.*

Ela se curvou para a frente a fim de pegar o copo com água, aparentemente sem saber calcular a distância. Finalmente o alcançou em câmera lenta. Segurando-o com as duas mãos, levou-o à boca, tomou um gole de água e colocou-o de volta na mesa.

O processo deve ter levado mais de um minuto. Para mim, demorou uma hora.

Gigi agia como se não houvesse nada de anormal naquele comportamento. Eu queria sair correndo dali para o mais longe possível.

Isso não vai demorar muito mais, pensei. *Ela está exausta.*

Não sei explicar como, mas de repente ela pareceu recompor-se e começou a parecer mais normal. — Ah, Robby... meu cabelo... está horroroso. Não sei se voltará a ficar bonito. Eles me submeteram a... terapia por eletrochoque... várias vezes.

Para minha surpresa, um ar de tristeza passou-lhe pelo rosto. Nunca imaginei que ela pudesse sentir tristeza.

Depois de suspirar fundo, mamãe tentou explicar.

— Os médicos dizem que o cérebro é feito de milhões de células... que transmitem os nossos pensamentos e sentimentos. — Ela encolheu os ombros. — Não entendo quase nada disso.

Ótimo! Isso é mais do que preciso saber. Vamos embora!

Minha mãe não parava de falar. — Alguns médicos acham que estou assim... porque meu cérebro... não funciona corretamente... como teria de.... — Ela voltou a franzir a sobrancelha, à procura de palavras. — Curto-circuito... e faíscas estão saindo de todos os lugares.

Ela fez uma pausa. Gigi e eu aguardamos.

— Pelo menos é como eu entendo.

Outro suspiro fundo, outra respiração lenta. O rosto dela voltou a ser uma página em branco.

— Quando viram que o aconselhamento e os remédios não estavam ajudando... eles tentaram... dar eletrochoque no meu cérebro.

De repente ela começou a olhar para um ponto escuro como eu nunca vira. O tom de voz subiu. — Eles amarram a gente numa mesa. Colocam tiras ao redor dos braços e pulsos.

O vazio em seu olhar se transformou em ira. A respiração se tornou mais rápida e curta, como se ela estivesse correndo.

— Eles passam tiras ao redor dos *tornozelos*, do *peito*, e põem *uma coisa em sua boca para você não morder a língua!*

Ela cuspia as palavras, como se fossem projéteis na direção de seus antigos algozes.

Senti náuseas. A voz dela era alta, mas não olhei ao redor para ver se a garçonete ouvira.

— Eles puseram um aparelho ao redor da minha testa, que estava ligado a um gerador. Depois apertaram um botão e mandavam eletricidade... para dentro do meu cérebro. — O tom de voz foi baixando cada vez mais.

Horrorizados e em pânico, Gigi e eu vimos a tremedeira e o suor no rosto de mamãe.

Não sei como, mas eu sabia que ela havia terminado. Estiquei o braço por cima da mesa e lhe segurei a mão.

Permanecemos em silêncio enquanto ela se acalmava.

Eu não queria prolongar a conversa. Mas não pude deixar de perguntar: — Aquilo dói muito, mãe?

Ela pegou o guardanapo espedaçado para limpar o canto da boca. Notei que um lado de sua boca estava mais caído que o outro.

O que eles fizeram com ela? Como tiveram coragem?

Continuei a segurar sua mão. Isso pareceu fortalecê-la.

— Dor. Dor física? Acho que não, Robby. Não me lembro de nada depois que eles me amarraram... Quando acordei, não conseguia me mexer. Era como se... eu tivesse cérebro suficiente apenas para saber que estava viva, mas não para fazer meu corpo funcionar. As pessoas no hospital chamam isso de... "morte consciente". Era assim que eu me sentia.

Aquela meia hora ouvindo minha mãe falar deixou-me exausto, mas eu queria saber mais uma coisa. — Você está melhor agora? Acha que o tratamento ajudou?

Após uma longa pausa, ela respondeu: — Não sei, Robby... não sei.

Gigi decidiu que aquilo já era suficiente para um dia. — Robby, querido — ela disse com um tom de voz animado demais —, por favor, peça a conta à garçonete para que sua mãe pague a refeição e a gente volte para casa.

Aquela era a deixa para eu sair da mesa a fim de que Gigi escorregasse dinheiro para a mão da minha mãe. Aceitei a encenação; parecia importante para elas, pensei. Então por que estragar tudo?

Quando voltamos ao apartamento de Gigi, ela perguntou se eu queria conversar.

— Não, obrigado. Não quero conversar sobre esse assunto agora. Talvez mais tarde.

Conversar? Eu não podia conversar. Mal conseguia pensar. Precisava de tempo para coordenar os sentimentos. Sabia que as imagens daquela visita ficariam gravadas para sempre na minha mente.

Eu odiava minha mãe na maior parte do tempo. Mas naquele dia eu estava triste. Entendi de repente que talvez ela não tivesse controle sobre suas ações. Ela lutava para sobreviver, é claro — dia após dia, hora após hora, minuto após minuto.

Meu estômago se revolvia. A compaixão começou a competir com a raiva que sempre esteve presente.

A raiva, porém, era mais forte. Minha mãe destruíra a vida de Gigi e ajudara a destruir a vida de meu pai. E, na mente de um menino de 13 anos, nada daquilo se comparava ao que ela havia feito comigo.

Nos meses seguintes, eu não consegui coordenar as ideias. A empatia lutava para ocupar um lugar no meu coração. Parecia que o leão da raiva teria de conviver com o cordeiro da compaixão.

Então chegou o dia em que minha mãe resolveu o conflito.

A formatura da turma do ensino médio era um evento importante em Princeton. A pompa e a circunstância tornaram o dia tão especial que até Art e Fran, dois parentes de Gigi, vieram de Rockford naquela primavera de 1968. Eles chegaram com Gigi a tempo dos apertos de mão e beijos antes da cerimônia.

Eu estava orgulhoso como um pavão quando me sentei no palco usando terno e gravata de segunda mão. De repente, porém, uma voz conhecida partiu do fundo do auditório.

— Hu-hu! Robby!

Era minha mãe. Ela estava bêbada e cambaleava em direção ao palco.

Gigi se levantou rapidamente e foi ao encontro dela no corredor. Minha mãe foi conduzida para os fundos da sala.

Não posso acreditar! O que está acontecendo aqui? Como ela pôde fazer isso comigo?

Eu a odeio... odeio... odeio!

Quando chegou o momento de receber o diploma, não caminhei com a cabeça erguida. Curvei os ombros e olhei para o chão, esperando o tempo todo que minha mãe não me constrangesse novamente.

No entanto, assim que estiquei o braço para pegar aquele precioso papel, a voz dela quebrou o silêncio respeitoso.

— Oi, Robby! — ela gritou. — Legal!

As pessoas se mexeram nas poltronas enquanto risadas desconfortáveis se espalhavam pelo auditório. Eu queria cair morto no chão.

Assim que a programação terminou, tive vontade de sumir. Nenhum dos meninos nem seus pais me cumprimentaram.

Gigi, Art, Fran e eu saímos penosamente do recinto enquanto minha mãe se dependurava em mim. O odor de bebida em sua respiração me causou náuseas. Eu queria gritar com ela, dar-lhe um soco no rosto.

Acima de tudo, queria que ela calasse a boca e me deixasse em paz pelo resto da vida.

E, naquele momento, o leão da raiva trucidou o cordeiro da compaixão.

/ 14 /

Alguns homens bons

— Tire aquela mulher da minha *vida*! — gritei na sessão de aconselhamento seguinte.

Marv franziu as sobrancelhas grossas ao ouvir minha explosão.

— Ela acabou com minha formatura. Só me fez sofrer desde o dia em que nasci. Eu a odeio, odeio, odeio!

— Veja bem, Robby — Marv começou a falar.

Eu não queria ouvir seus chavões. — Chega! — eu disse com raiva. — Não quero mais ver essa mulher... nunca mais.

Marv, um homem bondoso e amável, deixou que eu esbravejasse e gritasse, sem fazer nenhum comentário. Finalmente, liberou-me da sessão.

Depois daquela explosão, o pessoal que cuidava dos Meninos Grandes deve ter ficado com medo de que eu me machucasse ou ferisse outra pessoa. Após alguns dias eles tiraram o conjunto de produtos químicos de mim, aumentaram a frequência das sessões de aconselhamento e expulsaram minha mãe da propriedade. Ninguém mencionou outra viagem a Chicago para vê-la. Foi bom ninguém ter tentado.

Quando eu era mais novo, as visitas semanais de Gigi ajudavam a me acalmar. Mas agora ela estava com 74 anos, e a viagem lhe era muito penosa. A cada dois meses um funcionário do abrigo me levava para visitá-la, mas eu sentia muita falta dela. Gigi era a única pessoa cuja opinião impedia que eu me metesse em encrenca. Suas visitas haviam depositado amor suficiente no meu estoque emocional para me manterem na linha, mas, à medida que os depósitos começaram a rarear, minhas reservas quase desapareceram.

Seis meses após o episódio da formatura, Gigi me convidou para ir com ela à casa de recuperação onde minha mãe vivia. Fui porque ela me pediu, mas não tive nenhuma reação ao ver minha mãe. Eu me desligara completamente dela; ela passara a ser apenas uma pessoa do meu passado.

Aparentemente, ninguém notara, mas eu havia mudado. Minha mãe não participaria da minha jornada rumo ao futuro.

Parecia também que ninguém mais da minha família notara, talvez com exceção de Gigi.

Naquele estágio da vida, eu precisava muito de um pai, mas o meu jamais seria capaz de exercer tal função. Felizmente, conheci alguns homens que tentaram realmente fazer diferença na minha vida.

•◆•

Jim era um homem de poucas palavras e menos conversa ainda.

Quando eu cursava o ensino médio, ele passou a ser o pai responsável pela unidade dos Meninos Grandes. Com menos de 1,80 metro de altura, mas incrivelmente forte em razão de anos de trabalho nas minas de prata de Nevada, ele me ensinou a levantar pesos.

No meu caso, levantar pesos não era apenas um exercício. Ajudou-me a extravasar as frustrações, e Jim devia saber disso.

Ele também se esforçou para canalizar positivamente a minha raiva, ensinando-me o código Morse e ajudando-me a ser radioamadorista. Em conjunto com outros homens da localidade, ele me mostrou como montar um *kit* de rádio só meu.

Minha autoestima subiu às nuvens quando criei um rádio que funcionava. E meu orgulho também quando os outros operadores passaram a tratar-me de igual para igual.

Usando o prefixo WN9UHJ, eu mantinha conversas por rádio e trocava cartões-postais com operadores do mundo inteiro. Ninguém sabia quem eu era nem de onde partiam minhas transmissões.

Eu era como sempre quis ser; era extraordinário não ser mais chamado de "menino do abrigo".

Swaney ocupou por dois anos a vaga de pai responsável pela unidade dos Meninos Grandes, como substituto nos fins de semana, feriados e férias. Um exímio artesão, de personalidade tranquila e dócil como um labrador, era difícil tirá-lo do sério.

Seu corpo fazia lembrar um pino de boliche com cabelos finos e ruivos, e ele sempre reservava um sorriso e uma piadinha para o nosso grupo. Até nós, que tínhamos o coração duro, ficamos emocionados ao saber que ele se casara com sua esposa, Anna, sabendo que ela havia contraído câncer. Eles viveriam juntos apenas alguns anos, mas Swaney cuidava da esposa todos os dias.

Swaney, um homem de coragem, aventurou-se a levar sete de nós a um passeio de canoa em um fim de semana prolongado no extremo norte de Minnesota. Na região erma de Boundary Waters, remamos em lagos, carregamos canoas e apetrechos de acampamento por terra, bebemos água de nascentes não poluídas e acampamos em ilhas à noite. Pescamos, limpamos e cozinhamos peixes ferozes de água doce. Sangramos quando fomos picados por nuvens enormes de moscas de cervo, cuja picada é dez vezes mais dolorida que a dos pernilongos. Nadamos e arrancamos sanguessugas do corpo.

Swaney aceitou, sem reclamar, as travessuras daquele bando de meninos desordeiros. Os seis dias de aventura devem ter posto sua paciência e sua habilidade à prova.

A influência de Swaney ia além das atividades esportivas masculinas. Um dia, ele me chamou à parte e, sem nenhum constrangimento, falou-me sobre sexo. — Deus fez o sexo para ser um ato de amor e abençoar o casamento — ele me disse. — Deve ser visto como um dom de Deus para ser usado apenas depois que o homem e a mulher se casam.

Aquilo era novidade para mim. Os meninos mais velhos do abrigo consideravam as meninas apenas como "pontos" ganhos na vida — uma ideia reforçada pelo estoque de revistas e romances pornográficos que eles guardavam. Aliás, a pornografia foi meu principal material de leitura desde que passei para a unidade dos Meninos Grandes na sexta série.

Por ser um adolescente fogoso e com poucas limitações morais, não aceitei a visão de Swaney a respeito do sexo. E duvidava de que viesse a aceitá-la.

Era difícil, porém, não respeitar Swaney. E eu entendia seu amor pela vida selvagem.

•◆•

Bob era assistente social, substituto do pai responsável pela unidade, conservador, exímio arqueiro e caçador.

Com cabelo cortado à escovinha, era esguio como um soldado do Exército. Embora não fosse designado para me aconselhar, ele me dedicava atenção especial.

Quando eu estava cursando o ensino médio, Bob me ensinou a carregar rifles e atirar no alvo. Levou-me para caçar coelhos, esquilos e cervos e depois me mostrou como tirar a pele, limpar e preparar a carne.

Também me mostrou como saber a hora e a posição do Sol, andar em silêncio na floresta e orientar-me por meio de bússola. Aprendi a passar muitas horas tranquilas em campos e bosques, deixando que os aromas da natureza me alimentassem a alma.

No entanto, a lição mais importante que Bob me ensinou foi aprendida quando eu e outros dois adolescentes fomos caçar alces perto do Iron River no norte de Michigan.

Vasculhamos a área durante dias sem ver um só alce. De manhãzinha, no último dia da nossa viagem, fomos andar por uma trilha de troncos de madeira na mata cerrada. De repente, Bob se virou para a esquerda, levantou a sobrancelha e parou.

Em uma clareira, havia um alce enorme com uma magnífica galhada. A emoção foi tanta que mal consegui respirar.

Em geral, o alce macho anda sozinho, mas havia duas fêmeas e vários filhotes com ele. Sabíamos que, se ele se assustasse, poderia fugir para a mata, mas as fêmeas e os filhotes seriam alvos fáceis.

O alce permaneceu em seu terreno, levantando lentamente a cabeça elegante e olhando para nós como se dissesse: "Vocês terão de atirar em mim primeiro para que minhas fêmeas e meus filhotes fujam".

Nós, os meninos, estávamos com as armas engatilhadas e apontadas para as fêmeas. Aguardamos a ação de Bob por instantes que pareceram uma eternidade. Ele havia deixado claro que só poderíamos atirar depois que ele arremessasse o primeiro projétil.

Nada, porém, aconteceu. *O que ele está esperando?,* pensei

Finalmente, ele soltou lentamente a corda do arco e o abaixou. Confusos, desengatilhamos e abaixamos os rifles. O alce sinalizou com a cauda; as fêmeas e os filhotes correram para a mata. Finalmente, o animal majestoso deu meia-volta e afastou-se.

Bob não disse uma só palavra no caminho de volta pela longa trilha até o carro. Mais tarde, quando paramos para tomar refrigerante e comer sanduíche, ele finalmente deu uma explicação.

— Meninos, viemos caçar alce — ele disse.

Concordamos com a cabeça.

— Alcançamos o nosso objetivo — ele prosseguiu. — Encontramos aquele alce. Na verdade, encontramos um troféu. Se a cabeça daquele alce ficará ou não dependurada em alguma parede, isso não faz diferença. Saberemos sempre que, se tivéssemos atirado, ele estaria morto com certeza.

Bob fez uma pausa e, depois, acrescentou uma frase que eu nunca o ouvira dizer: — Não precisamos atirar em todos eles.

Depois de aguardar alguns momentos para assimilarmos suas palavras, ele disse: — A coragem daquele animal incrível e sua atitude altruísta o salvaram. Ele poderia ter fugido, provavelmente salvando sua vida. Mas preferiu ser o alvo principal para que os outros sobrevivessem.

— Não dá para acreditar! — um dos meninos exclamou. — Foi a coisa mais impressionante que já vi.

— Foi um exemplo excelente da mensagem bíblica: "Ninguém tem maior amor do que aquele que dá a sua vida pelos seus amigos", Bob concluiu.[1] Em seguida, pegou o arco e continuou a seguir pela trilha.

Voltamos para casa sem o troféu, mas com uma lembrança que ficou gravada em nós para sempre.

Mais tarde naquela noite, pensei no amor sobre o qual Bob falou. Com exceção de Gigi talvez, eu não podia imaginar ninguém dando a vida em favor de outra pessoa — principalmente em meu favor.

•◆•

Por último, havia Marv.

Apesar de ser meu conselheiro, ele estava começando a ser algo mais — algo que eu não conseguia nomear, algo que eu não estava disposto a admitir.

Com o sarcasmo juvenil de sempre, nós, os meninos, o apelidamos de "Cão Arvey", em razão de Underdog, uma personagem de histórias em quadrinhos que sempre resgatava alguém de maneira desajeitada. Marv era, claro, bem mais esperto do que estávamos dispostos a reconhecer.

Com paciência e coragem, Mark me ensinou a dirigir seu Plymouth — o único carro com botão para engatar as marchas. Também lutou com bravura para conduzir-me pelas águas turbulentas da adolescência.

---

[1] João 15.13. [N. do R.]

O maior desafio de Marv foi uma luta que me perseguiu durante anos.

Depois de questionar o que eu havia feito para que meus pais tivessem decidido não me criar, cheguei a uma aceitação desconfortável de que eles eram o problema. Havia, porém, a pergunta sobre meu destino, uma pergunta que finalmente fiz a Marv durante as sessões de aconselhamento.

— Meu destino é ficar louco como minha mãe e meu pai?

Aquela não era uma pergunta sem fundamento. Por mais que eu desejasse sobreviver e ter uma vida normal, ainda não via nenhuma esperança genuína em relação ao futuro.

— Sou programado geneticamente para ser igual a meus pais? — perguntei a Marv várias vezes. — Meu cérebro acabará descontrolado como o da minha mãe? Devo preparar-me para ficar louco? Vou viver nas ruas, em casas de recuperação e em hospitais para doentes mentais?

Marv se esforçou muito para me convencer de que a história da minha vida não seria uma reprodução exata das ações e reações dos meus pais. Mesmo quando incluí o comportamento excêntrico de Pauline na conversa, ele insistiu em dizer que meu futuro poderia ser diferente do meu passado.

—Você não está condenado a ser como seus pais ou como Pauline, Robby — ele me garantiu. — Mas precisa aprender a lidar com a vida e controlar sua frustração e sua raiva. Precisa parar de pensar que seu futuro não será bom e ter uma boa perspectiva de tudo o que está à sua espera. Há uma vida promissora diante de você, mas só se você decidir aceitá-la.

Era difícil acreditar naquilo. Eu não sabia qual seria meu futuro. Não ousava ter esperança; toda esperança da minha infância havia sido destruída. Não havia como provar que Marv tinha certeza do que estava falando.

Certo dia, perguntei a ele: — Como é possível acreditar na esperança se ninguém a vê?[2]

Marv suspirou fundo e tentou uma abordagem diferente.

— Certo, Robby. E se você tiver razão? E se você *estiver* condenado a viver como os seus pais? O que fará, então?

Ele se recostou na cadeira, provavelmente pensando que me assustara a ponto de me calar.

Ninguém se preocupara em me fazer aquela pergunta, mas eu tinha uma resposta. Olhei firme para ele, sem nenhuma emoção, e retruquei: — Vou dar um jeito na minha vida, para que nenhum filho meu passe pelo que passei.

Atônito, Marv não sabia o que responder.

Sessão encerrada.

---

[2] V. Hebreus 11.1.

/ 15 /

O rebelde

Enquanto eu andava como calouro do ensino médio pelos corredores da nova escola, no outono de 1968, minha atitude de "deixa pra lá" firmou-se em um dos meus ombros; sua prima "não tente me mudar" acomodou-se no outro.

O sistema de separação de classes sociais no ensino médio gerou em mim um sentimento de desprezo que me afastou até dos meninos de quem eu gostava. Nós, os "abrigados", não podíamos pertencer a um bom círculo social por mais que tentássemos.

Uma menina de quem eu gostava na oitava série contou-me que não podia ser minha namorada porque o pai dela não gostava dos meninos do abrigo. Desisti de tentar. Este garoto jamais imploraria para ser incluído.

Os comentários maliciosos e olhares atravessados nos corredores e na hora do almoço me irritavam, mas eu sufocava a raiva e passava pelo ofensor como se ele não existisse. *Não me importo com essa gente de nariz empinado,* dizia a mim mesmo. *São idiotas cruéis e insignificantes. Se eu não permitir, eles não vão me ofender, e eu não vou permitir!*

O isolamento amenizava o sofrimento da rejeição, mas não acalmava a raiva. Meu desprezo era um convite aberto à briga, dando-me razão para explodir e machucar qualquer um que se achasse capaz de me enfrentar.

Os esportes eram uma válvula de escape para as minhas emoções reprimidas e toda a minha energia hormonal. As corridas ao ar livre ou em recintos fechados e o basquete ajudavam a reduzir o estresse. Eu finalmente me sentia parte de alguma coisa; a sensação era agradável, até mesmo a de ser uma peça de engrenagem de uma pequena máquina.

Depois de correr uma milha em menos de cinco minutos, classifiquei-me para o campeonato da cidade. Foi um salto e tanto — até o dia em que um rapaz de classe alta e encrenqueiro e seu amigo forte e calado encurralaram-me no vestiário na véspera da reunião de primavera.

— Ei, palhaço — Mouth gritou enquanto me empurrava de encontro a um armário. — Não ligo para o que o cronômetro marca; você não tem competência para fazer parte desta equipe. Pensa que é uma estrela, mas não é. É hora de alguém baixar sua crista.

Eu sabia que ele queria ser esse alguém, portanto encarei-o para intimidá-lo. —Você vai receber um direto na barriga — ele anunciou com sarcasmo, agarrando-me e rodando meu corpo.

Para evitar receber aquele soco, valia a pena reunir todas as minhas forças. Eu sabia, por experiência própria, que a força daquele soco deixaria a pele da minha barriga vermelha e inchada. A dor seria como fogo.

Lutei com ele até que Goon, o amigo, agarrou meus braços e prendeu-os atrás das minhas costas. Enquanto Mouth arrancava minha camisa, chutei Goon, que rolou em direção aos armários atrás dele. Levantei as duas pernas e usei-as para me proteger, chutando o peito de Mouth com os dois pés. Ele se chocou com uma fileira de armários, amassando-os com as costas.

Atirei Goon no chão e caí em cima dele. Dei um chute na direção de Mouth, e minha cabeça bateu na de Goon, que estava no chão, mas Goon não desistiu de lutar. Finalmente, Mouth sentou-se nas minhas pernas, tirando-me todos os movimentos.

Injustiçado por lutar com dois rapazes maiores que eu, perdi a batalha. Recebi o pior soco na barriga de toda a minha vida; doeu durante dias.

Senti, porém, um pouco de satisfação quando ouvi Mouth reclamando de suas costelas doloridas e vi Goon tomando aspirina por causa de uma dor de cabeça que durou uma semana. A notícia se espalhou: *Se quiser brigar com Mitchell, é melhor levar pelo menos três com você.*

Aqueles "filhinhos de papai" pareciam não entender que eu não era um menino qualquer a quem eles poderiam dar ordens. Eu havia convivido durante anos com valentões muito piores. Minha mensagem foi alta e clara: *Se me derem o menor motivo para machucar vocês, não deixarei a chance escapar.*

Mouth não conseguiu reunir três ou mais garotos do mesmo nível social que ele para terminar o trabalho que iniciara com Goon. Eu parecia estar cercado de uma nuvem que afastava de mim até mesmo os meninos bem-comportados.

A prática de esportes, embora fosse uma válvula de escape, causou-me um sofrimento diferente.

Quando havia jogos ou corridas fora da cidade, nossa equipe retornava tarde para a escola, às vezes por volta das 23 horas. Os pais de muitos atletas iam buscá-los; os outros rapazes da cidade dirigiam o próprio carro ou ofereciam carona aos amigos. Nunca fomos incluídos em nenhum desses grupos, por isso nós, os "abrigados", saíamos de fininho para não deixar tão óbvio que não havia ninguém à nossa espera.

John Smith, um sujeito simpático e com um incrível arremesso de longa distância, era o treinador de basquete dos alunos do segundo ano. Dei muito trabalho a ele. Eu tinha talento para começar a partida ou ficar no banco como o sexto homem, mas minha atitude agressiva, combativa e arrogante não se encaixava no estilo de jogo mais humano daquele homem.

Para mim, não fazia diferença se os pais de muitos jogadores não se importavam comigo. Os adultos da nossa conservadora cidade rural não gostavam dos meus cabelos "rebeldes" da década de 1960. Vários me xingavam de "*hippie* marginal de cabelo comprido". Eles não queriam apenas me ver fora da lista dos titulares do time — queriam ver-me fora do time inteiro.

Minha resposta: deixar o cabelo crescer até os ombros, como o de meu ídolo de basquete, Pistol Pete Maravich, um jogador irreverente. Conforme eu previa, aquilo realmente os deixou zangados. Eu gostava de irritar as pessoas que não permitiam que eu namorasse suas filhas nem deixavam que os filhos saíssem comigo.

"Deixe-o no banco até que ele corte o cabelo!", alguém gritava durante os jogos.

"Coloque um jogador *bom* aí", outra voz gritava do lado oposto da quadra.

Um homem se aproximou de mim após um jogo, com uma nota de 1 dólar na mão. — Aqui, rapaz — ele disse com ironia. — Pegue e corte o cabelo.

Olhei-o nos olhos e respondi: — Você pode me dar a grana, senhor, mas não vou cortar o cabelo. — Ele enfiou a nota no bolso e afastou-se de cabeça erguida, ofendido.

Alguns colegas do time também não me apoiavam. Dois jogadores titulares eram legais e insistiam para que eu fosse mais "maleável", mas outros dois me detestavam. O sentimento era mútuo. Eles não me queriam no time, e seus pais diziam isso... em voz alta.

Por mais durão que eu tentasse ser, as zombarias me magoavam. As mais doloridas de todas vinham das animadoras de torcida.

Em geral, elas abriam o jogo elogiando o treinador: "Vamos, John, é isso aí!". Em seguida, cada uma citava o nome de um jogador titular. No entanto, nos três primeiros jogos em que fui titular, a garota que deveria gritar o meu nome substituiu-o pelo nome de um jogador que, segundo ela, *deveria* ser o titular.

— Por que você não grita "É isso aí, Robby"? — perguntei à garota na terceira vez em que ela agiu daquela maneira.

— Você não deveria estar *jogando*, muito menos ser jogador *titular* — ela retrucou, dando meia-volta e afastando-se.

Apesar das vaias, eu suportava tudo. Quando passei a jogar no time principal no primeiro ano do ensino médio, porém, o que deveria ser orgulho naquele outono de 1970 se transformou em pesadelo.

Mouth, o rapaz que me dera um soco na barriga, estava mais adiantado que eu na escola. Ainda me odiava e fazia questão de que todos os outros colegas também me odiassem.

O treinador do time e eu entrávamos em conflito todos os dias. Eu jogava no time por causa do meu talento, mas minha atitude o fazia sentir vontade de me partir ao meio. Quase sempre ele me obrigava a fazer mais exercícios de treinamento que os outros jogadores. A situação chegou a tal ponto que alguns jogadores não aguentavam ver o tratamento que aquele homem me conferia.

Eu tinha problemas de comportamento, é claro, mas ficou claro que o treinador estava tentando transformar minha vida em um inferno até que eu desistisse de jogar.

O único que me compreendia realmente era Paul, um colega do abrigo, que chegou à unidade dos Meninos Pequenos quando tinha 9 anos.

Paul jogava futebol e praticava luta livre, e no outono e no inverno caminhávamos juntos um quilômetro ou dois até o abrigo. — Ele está maltratando você — Paul disse a respeito do treinador durante aqueles percursos a pé. — Por que você não cai fora? Você não precisa dessa porcaria.

— É, eu sei — respondi. — Mas não vou dar ao treinador o prazer de me derrubar, de jeito nenhum. Vou mostrar a ele que não desisto das coisas. Vou em frente até quando ele aguentar.

Eu sentia frio quando voltava ao abrigo naquelas noites de inverno. Às vezes, via as janelas dos sobrados de madeira, na Euclid Street. Via famílias de verdade sentadas à mesa, sorrindo, comendo e se divertindo, com a sensação de serem aceitas e amadas.

Agora, então, era óbvio que eu jamais conseguiria ter aquilo.

/ 16 /

Uma temporada perdida

A TEMPORADA DE NATAL no fim do ensino médio teve, como sempre, momentos de tristeza.

As músicas de Natal e a árvore enfeitada no salão de jantar tomavam conta do local. Os programas especiais de TV, as apresentações teatrais na escola e os eventos na igreja para os quais o pessoal nos arrastava mudavam um pouco a rotina. Mas tudo aquilo gritava *feliz, feliz, feliz — família, família, família.*

Embora meninos como nós gostássemos de diversão, passávamos as noites longas e escuras subsequentes lutando com a solidão.

Vários grupos da igreja nos visitavam em dezembro. Apresentavam peças teatrais, cantavam músicas de Natal e até jogavam basquete com os meninos mais velhos na nossa pequena quadra.

Gostávamos de vencer aqueles "caras da cidade" e aceitávamos os presentes com alegria. No entanto, a maioria de nós, os meninos mais velhos, queria perguntar: "Onde vocês estão no resto do ano? Somos rejeitados durante onze meses e, de repente, passamos a ser especiais? Vocês não acham que deveriam revezar-se, para que recebêssemos visitas pelo menos uma vez por mês durante o ano?".

Nunca fiz essa pergunta em voz alta. Faltando apenas um ano e meio para a formatura e a minha entrada no mundo real, esse assunto deixara de me incomodar. Além disso, lembrei-me de que, quando morava na unidade dos Meninos Pequenos, as visitas por ocasião do Natal eram muito apreciadas. Eu não queria estragar o Natal dos meninos pequenos que precisavam de atenção.

Natal também significava presentes. Contudo, agora que eu tinha um pouco de dinheiro e podia comprar um belo presente para Gigi, sentia-me pouco à vontade para fazer isso. À medida que eu ganhava mais dinheiro, ela ficava cada vez mais pobre. Na época de Natal, Gigi precisava esticar seu orçamento porque, além de comprar um presente para mim, ela comprava o presente que minha mãe supostamente me enviara.

Eu sabia que constrangeria Gigi se meu presente para ela custasse mais que o dela para mim, portanto lhe daria um lenço rendado ou um perfume comprado em loja popular. Ela sempre fazia festa com o presente recebido, como se fosse seu pedido especial ao Papai Noel.

Mesmo assim, era bom ter um pouco de dinheiro escondido, ganho com muito sacrifício, para usar nessas ocasiões. A maioria dos outros meninos não tinha 1 centavo para gastar. Eles não podiam comprar nem mesmo uma quinquilharia para as pessoas que amavam. Essa pobreza no Natal era um golpe a mais em sua frágil autoestima.

Quando falavam em querer comprar um presente, as crianças do abrigo sempre tinham a intenção de oferecê-lo à mãe ou à avó. Os pais pareciam não existir para a maioria de nós; os poucos que se faziam conhecidos eram, em geral, patéticos.

Eu não dava dinheiro a nenhum dos meninos mais novos para eles comprarem presentes. Se fizesse isso, cerca de 60 pares de mãos vazias se apresentariam imediatamente para recebê-lo. Como eu não tinha condições de oferecer dinheiro a todos, não oferecia a ninguém.

Os conselheiros tentavam de todas as formas fazer que nenhum de nós permanecesse no abrigo na véspera ou na manhã de Natal. Quando esgotavam todos os recursos para levar as crianças à casa de parentes, convenciam os habitantes da localidade a aceitá-las. Na minha opinião, era melhor que aquelas crianças permanecessem no abrigo em companhia uma das outras, para não se sentirem intrusas na comemoração de uma família estranha.

Quanto a mim, eu passava essa temporada com Gigi. Isso me ajudava a atravessar aqueles dias difíceis para meninos como nós.

Outro adulto também estava começando a exercer influência na minha vida.

Dave chegara ao abrigo logo após ter-se graduado na faculdade, usando literalmente camisa branca e gravata tradicional. Ele dava aulas teóricas sobre como ajudar os pobres delinquentes juvenis.

Eu já vira sujeitos como Dave chegando e indo embora. Alguns estudavam para receber o grau de mestrado em serviço social, e éramos seu campo de pesquisa. Muitos apenas estavam passando o tempo. Outros tentavam escapar de serem chamados para lutar no Vietnã.

Criados geralmente em lares confortáveis e por pais carinhosos, aqueles homens nunca haviam sentido o nosso grau de carência em termos financeiros, físicos ou emocionais. Estavam completamente despreparados para enfrentar nossa hostilidade. Apesar das tentativas sinceras de nos ajudarem, dávamos um jeito de "queimá-los" e despachá-los rapidamente — e aplaudíamos a sensação de poder que sentíamos quando iam embora.

Mais um camisa branca no pedaço, eu disse em tom de zombaria quando Dave chegou. *Vamos dar-lhe uma canseira para ele ganhar dinheiro. Ele não tem nenhuma chance.*

Dave era menor que a maioria de nós, os da unidade dos Meninos Grandes. Tinha mais ou menos 1,75 metro de altura, pesava perto de 65 quilos e usava óculos que pareciam estar sempre escorregando do nariz.

Achávamos que ele era completamente desorientado. Alguns de nós imaginamos que poderíamos afugentá-lo em tempo recorde. A maioria apostou que ele ficaria menos de um mês.

Motivados pelo bolo de apostas, lançamos graves ataques verbais em cima do pobre homem. No fim da primeira semana, ele estava em choque. O programa de assistência social ensinado na universidade não o qualificara a lidar com aquele tipo de raiva e desrespeito.

Tenho certeza de que ele queria gritar: "Ei, garotos. Estou aqui para ajudar vocês! Preciso de mais uma chance!". Mas não havia chances para ele no nosso território; além de ingratos, éramos descaradamente mal-intencionados.

Por um motivo ou outro, Dave permaneceu ali. Depois de algumas semanas, notamos uma mudança. Percebemos claramente que ele decidira sobreviver às nossas atitudes violentas. Talvez sentisse uma fascinação por nós — como algumas pessoas diante de um acidente de carro: ficam horrorizadas, mas não conseguem desviar o olhar.

A hipótese mais provável era a de que ele simplesmente não queria ceder e tinha um objetivo em mente. Parecia determinado a tentar nos entender. Tínhamos uma cultura própria, e ele era o forasteiro querendo adaptar-se a ela.

Os meninos que apostaram colocar Dave para fora em um mês ou menos perderam o dinheiro. Ele permaneceu, demonstrando com perseverança e sinceridade que realmente se preocupava conosco. Conquistou o nosso respeito, apesar de toda a nossa má vontade — e mostrou-me que nem todos os adultos são falsos.

No entanto, apesar da influência de Dave, eu estava metido em encrencas. Após a temporada de basquete, sobrava-me muito tempo livre. Não havia nada para afastar as sombras negras.

As atividades na igreja não resolviam o problema. Eu era obrigado a frequentar a igreja nas manhãs de domingo e a participar de um grupo de jovens nos sábados à noite, mas isso tinha pouco efeito sobre mim. Eu passava a maior parte do tempo tentando levar uma garota para um beco escuro e dar-lhe um beijo rápido ou sendo uma criatura desprezível na tentativa de desgraçar a vida dos adultos.

Não demorou muito para eu me transformar em uma criatura antissocial e descuidada. Comecei a experimentar bebidas alcoólicas e maconha. Nunca comprei "erva", mas outro companheiro comprava para mim. Fumávamos juntos sempre que podíamos.

Provavelmente eu teria mergulhado fundo nas drogas se não tivesse medo de ser preso. As vinte e quatro horas que passei no Audy Home em Chicago quando tinha 8 anos foram um pesadelo que eu não queria repetir — jamais.

Minha experiência com as drogas fazia parte da rebeldia, mas foi também um esforço para amortecer por uns tempos a dor no meu coração. E a dor piorava cada vez mais. À semelhança de muitos meninos conhecidos, eu estava começando a pensar: *Estou sofrendo. Não vejo nenhum alívio para esse sofrimento. Se devo sofrer assim, então outras pessoas terão de sofrer também.*

Eu não queria cruzar aquela linha, mas estava lentamente perdendo a batalha.

No fim do ensino médio, o rio da minha vida corria sem destino através dos desfiladeiros do desespero. Aparentemente, não valia mais a pena ninguém se preocupar comigo.

As paredes daquele desfiladeiro impediam-me de ver que a esperança não me abandonara — e estava planejando algo que nunca imaginei.

/ 17 /

O salva-vidas

QUANDO O VERÃO CHEGOU, antes de eu terminar a última série, finalmente recebi boas notícias. Não sei como, mas consegui ser contratado como salva-vidas e instrutor de natação no Covenant Harbor, um acampamento da igreja em Lake Geneva, Wisconsin.

Eu já conhecia o acampamento; todos os "abrigados" passavam uma semana ali no verão, fazendo coisas como aprender a nadar e participar de estudos bíblicos. Essa última atividade não havia causado muito impacto em mim, mas a outra me ajudara a preparar-me para aquele emprego durante o verão, da mesma forma que o tempo passado na piscina de Princeton e os passeios de canoa com Swaney e os rapazes.

Agora era minha vez de ser salva-vidas e instrutor de natação de outros meninos.

Vai ser ótimo!, pensei. *Passar um verão inteiro longe do abrigo e correndo atrás de garotas!*

Dizer que eu estava eufórico com a ideia era eufemismo. Bob, o caçador, mencionara que as fêmeas de muitas espécies exalam um odor quando querem atrair a atenção do macho. Eu não sabia se as garotas exalavam odor, mas sabia que algumas — quando longe dos pais — deixavam claro que estavam interessadas em um pequeno romance. Eu estava sempre à caça.

O pessoal do acampamento não era acostumado a gente grosseira como eu. Embora não me tivessem despachado de volta para o abrigo, eles não aceitavam minhas atitudes também grosseiras.

— Não usamos esse tipo de linguagem aqui — as mulheres me disseram.

— Gostamos de rir, Bobby, mas não de piadas sujas.

A mensagem era clara: se eu saísse da linha, teria problemas. Aquilo me irritava; afinal, prejudicava meus planos de verão.

Ainda assim, eu gostava de trabalhar com as crianças. Cerca de 100 delas chegavam todos os domingos e eram encaminhadas para cabinas que abrigavam oito crianças e um conselheiro. Algumas semanas eram reservadas para alunos do ensino fundamental, outras para alunos do ensino médio e outras ainda para universitários.

As atividades durante o dia incluíam trabalhos artísticos, artesanato e esportes. Eu me ocupava dando aulas de natação desde o início da manhã até o meio da tarde, trabalhando como salva-vidas ou ensinando canoagem e navegação a vela.

As noites também eram divertidas, mas os estudos bíblicos, as palestras e os cânticos em grupo ocupavam a maior parte do tempo. Comecei a me sentir desconfortável. A maioria do pessoal que trabalhava no acampamento era calma, feliz, cheia de esperança — características estranhas ao meu mundo.

Os conselheiros, com idade para frequentar a faculdade, falavam com empolgação sobre "crescimento espiritual" e olhavam para o futuro com esperança. Eles andavam em caminhos que eu não andara e citavam exemplos daquilo que eu não era. Sua visão positiva da vida me atraía, mas minhas defesas e minha arrogância a afastavam.

É claro que eles sentem entusiasmo pela vida, eu resmungava. *E por que não? Nenhum deles mora em um abrigo nem tem pais malucos.*

Qualquer interesse meu em conhecer os assuntos espirituais desapareceu no momento em que uma loira, filha de um pastor, apresentou-se para trabalhar uma semana como voluntária. Meus olhos saltaram, meu sangue ferveu e meus hormônios entraram em ação.

Algumas mulheres do acampamento notaram que eu estava de olho na garota. — Ele é um lobo — aconselharam-na. — Não confie nele.

Certa noite, várias me cercaram. — Preste atenção, cara — a líder ameaçou de dedo em riste. — Se você não andar na linha, vamos providenciar para que seja frito.

Como se eu me importasse com aquilo! Meu único objetivo era ficar ali por uma semana. Eu a prenderia com o olhar e iniciaria a caçada.

Apesar dos avisos, a garota não me descartou. Não dava sinais claros de que queria alguma coisa comigo, mas eu estava convencido de que era uma presa fácil.

No entanto, depois que passamos alguns momentos juntos, percebi que não era bem assim. Mesmo tendo sido avisada, ela não parecia desconfortável na minha companhia. Tinha qualidades que eu nunca vira em ninguém. Transmitia uma incrível sensação de paz. E era óbvio que estava segura de si e não se sentia ameaçada.

Que estranho!, pensei. Qualquer garota em seu juízo perfeito saberia que eu não tinha boas intenções. Por que ela não me rejeitou?

Trocávamos alguns beijos de vez em quando, mas havia algo em mim que não queria avançar o sinal. Nunca me importara com a reputação de uma garota — nem com a minha. Sua inocência modificou totalmente os meus planos.

Na véspera de sua partida, passeamos de canoa no lago e conversamos. De repente, ela disse: — Fale-me sobre seu relacionamento com Jesus.

Resmunguei uma ou duas frases sem sentido e parei. Não queria mentir para ela. — Não tenho nenhum relacionamento com ele — admiti.

— Não creio em Jesus. A vida e Deus me abandonaram à minha própria sorte.

Eu esperava que ela ficasse chocada e decepcionada; não ficou. Esperava que ela esfriasse e me pedisse que a levasse de volta à praia; nada disso aconteceu. Ao contrário, ela ouviu calmamente enquanto eu lhe contava, com muita cautela, um pouco da minha infância.

Quando terminei, ela disse tranquilamente: — Talvez se você permitir que Deus entre na sua vida, sentirá a paz que não sente agora.

Protestei. — É fácil para você dizer isso. Seus pais a amam. Comparando ao que eu já sofri, sua vida é um piquenique.

— Deus cuida de todas as pessoas, em todas as circunstâncias — ela replicou. — Sei que você sofreu muito, mas temos a promessa de uma vida melhor se confiarmos nele.

— Ah, pois não — resmunguei, virando a canoa em direção à praia.

Senti um aperto no coração quando me despedi dela no dia seguinte. Queria conhecer mais aquela garota e sentir a paz que ela parecia transmitir.

As palavras dela martelaram na minha mente durante semanas. — *Será que é verdade? Deus se interessa realmente por alguém como eu?* As evidências diziam que não.

Será que estou perdendo alguma coisa?, perguntei a mim mesmo. Ela sentia uma paz que eu não conhecia. A maioria do pessoal do acampamento também a experimentava. *Mas eles vêm de um mundo diferente. Não pertenço a esse mundo.*

Lembrei-me de algo mais que ela me disse: "Deus perdoou Moisés, Davi e Paulo, embora todos eles tenham matado alguém. Ele perdoará qualquer um que lhe pedir perdão, não importa o que tenha feito".

Se Deus perdoou aqueles homens, talvez me perdoe por todas as coisas erradas que fiz, pensei. *Pelo menos não matei ninguém até agora.*

Debati-me com aquelas questões durante o resto do verão, mas não discuti o assunto com o pessoal do acampamento. Aquela era uma jornada pessoal. Não queria ser sufocado pelas tentativas entusiasmadas de alguém para me "salvar".

Quando voltei para o abrigo naquele outono de 1971, surpreendi-me ao ver que, pela primeira vez, meu quarto havia sido dividido em dois menores, privativos. Por ser aluno do último ano, eu finalmente tinha um quarto e uma escrivaninha só para mim — e todas as gavetas eram minhas.

Demorou um pouco para eu me acostumar com o silêncio e a privacidade. Mas eu realmente iria precisar deles.

/ 18 /

Você é verdadeiro?

Durante anos, nós, os meninos do abrigo, fomos arrastados à escola dominical e à igreja em Princeton. Nola lia histórias da Bíblia para nós. A oração fazia parte de todas as refeições. Mas nada daquilo era importante para mim.

Tudo parecia uma lição maçante de história ou um punhado de relatos sem nenhuma ligação com a minha vida. Eu estava mais interessado nas atividades destinadas aos adolescentes e em tentar extrair uma risadinha das garotas durante o culto.

Agora, porém, depois de ter conhecido uma garota da minha idade que falava e agia como alguém que eu gostaria de ser, achei que era tempo de ler com seriedade alguns "capítulos de Jesus" sobre os quais ela falava. No meu novo quarto privativo eu podia pegar a Bíblia que guardara na última gaveta — e lê-la sem necessidade de me justificar ou me preocupar com os comentários sarcásticos dos colegas de quarto.

À medida que comecei a ler, várias coisas me saltaram aos olhos.

Esse cara sentiu fome, sede e cansaço. Chegou até a andar com os pés sujos.[1] Eu nunca pensara nisso.

Foi traído pelas pessoas em quem confiava.[2] Eu também.

---

[1] V. Marcos 6.31; 11.12; João 13.3-17; 19.28.

[2] V. Marcos 14.43-46.

De repente, li um versículo que me deixou atônito. *O homem disse que era Deus.*[3]

Que coragem! Ele não afirmou apenas que compreendia Deus nem que era um dos filhos de Deus. Afirmou ser Deus.

Aparentemente, aquela afirmação foi tão ofensiva aos líderes religiosos da época que eles planejaram matá-lo. Eu havia sofrido muito, mas pelo menos ninguém planejara matar-me.

Ao perceber meu novo interesse, Dave, o "camisa branca" que trabalhava ali, emprestou-me um livro chamado *Cristianismo puro e simples*, de C. S. Lewis.[4] — O autor era um grande intelectual ateu antes de se tornar cristão — Dave informou. — Você deveria seguir o raciocínio dele enquanto investiga o assunto.

Após muitas pesquisas e reflexão, descobri que Lewis concluíra que uma pessoa inteligente e curiosa no assunto chega a uma de três conclusões: ou Jesus era um lunático, ou mentiu quando declarou ser Deus, ou era realmente quem dizia ser.

Aparentemente, da mesma forma que Lewis, eu estava sendo forçado a tomar uma decisão radical. Não havia meio-termo. Ou eu acreditava em Jesus, ou era contra ele.

O homem disse que era Deus. Se isso for verdade, é melhor prestar atenção. Se não for, tudo o que ele disse deve ser uma baboseira vinda de uma pessoa tão louca quanto minha mãe.

Eu já sabia que não havia motivo para tentar aprender nada com um lunático.

Voltei à Bíblia e continuei a ler.

Surpreendeu-me o fato de Jesus ter-se irado.[5] A fúria era um sentimento que eu conhecia bem. Mas a raiva daquele homem não era igual à minha.

---

[3] V. João 8.51-59.

[4] São Paulo: Martins Fontes, 2005.

[5] V. Marcos 3.5.

Nós dois ficávamos irados diante da hipocrisia;[6] gostei disso. Ele se frustrou com as pessoas;[7] eu também. Mas a frustração de Jesus não foi causada por coisas que fizeram contra ele. Foi causada pelas pessoas que não queriam levar em consideração o plano que Deus tinha para elas.

Eu não sabia ao certo se havia um plano para mim. Mas precisava admitir que, se havia um Criador do Universo, seria aconselhável descobrir se ele tinha um plano — e, se realmente tinha, eu deveria segui-lo.

Vi que Jesus falava muito de vida eterna.[8] Eu estava mais preocupado em passar dos 20 anos. Mesmo assim, não pude deixar de pensar: *Se há alguma coisa depois, inclusive a eternidade, será que existe esperança para mim se eu mudar?*

Jesus disse que o Espírito de Deus poderia entrar no meu coração e me transformar.[9] *Como alguma coisa como o Espírito de Deus pode entrar no meu corpo, no meu coração? Como posso acreditar em algo que não consigo ver nem tocar?*

Ruminei essa linha de raciocínio por alguns dias. Então, um pensamento começou a ficar claro. Eu tinha um corpo físico com três partes que não podia ver — raciocínio, emoções e vontade. O raciocínio quase sempre dizia que eu não era inteligente o suficiente para cursar a faculdade; as emoções diziam que um menino de abrigo não era digno de cursar a faculdade; mas a minha vontade não aceitava isso e insistia em que eu deveria cursar a faculdade, ter sucesso e ser melhor do que fui na infância.

Se o raciocínio, as emoções e a vontade, que são invisíveis, mas muito, muito verdadeiros, podem morar dentro de um garoto como eu, então é possível que talvez — apenas talvez — o Espírito de Deus também possa morar dentro de mim.

Tudo aquilo era difícil demais para mim. Os conceitos que corriam velozmente na minha mente começaram a colidir entre si. Eu precisava de uma caixa de ressonância para me ajudar a coordenar as ideias.

---

[6] V. Mateus 23.11-33.

[7] V. Marcos 3.5.

[8] V. João 3.16,17.

[9] V. João 3.1-15.

Dave me ajudou a fazer isso. Ele me deixava divagar e não fazia sermões nem me doutrinava. Ouvia com atenção. De vez em quando lançava uma pergunta para que eu meditasse nela. Às vezes, minha mente chegava a doer de tanto pensar.

Continuei a ler e notei que Jesus disse que os ladrões vinham para roubar, matar e destruir — mas ele veio para que tivéssemos vida "plenamente".[10] Roubar, matar, destruir — eu conhecia tudo aquilo. Para mim, toda noção de infância normal havia sido roubada e destruída; toda esperança de um futuro normal havia sido assassinada muito tempo atrás.

Será, porém, que Jesus estava oferecendo a mim — e a outras pessoas amargas e iradas — a esperança de uma vida melhor hoje? Parecia um exagero.

Afinal, minhas probabilidades não eram promissoras. Em menos de um ano o pessoal do abrigo me entregaria um bilhete de ônibus, só de ida, para o lugar da minha escolha, acompanhado de votos de boa sorte. Só isso.

A ideia de viver por conta própria, sem ter ninguém da família por perto e nenhuma segurança financeira, parecia assustadora. A faculdade era uma opção, mas eu não a via como chave de ouro para uma boa vida. Meus pais haviam cursado a faculdade, e a vida deles era um horror.

Eu só sabia que precisava encontrar um meio de fugir da armadilha do ciclo de fracasso que capturava os outros meninos do abrigo. Queria realmente acreditar que poderia viver muito melhor do que vivi em minha infância bizarra. *Será que Jesus poderia realmente promover essas mudanças?*

Quando abria a Bíblia nas partes em que Jesus curava os aleijados, os cegos e os surdos, eu quase sempre as pulava.[11] *Isso com certeza não se aplica a mim,* eu pensava. *Sou triatleta!* Mas um dia Dave me forçou a fazer uma pausa para refletir.

---

[10] V. João 10.10.

[11] V. Mateus 11.1-6.

— Será que a vida não o deixou aleijado emocionalmente, Robby? — ele perguntou. — Será que você não é igual àquelas pessoas teimosas sobre as quais anda lendo? Será que o orgulho não o deixou cego às promessas de Deus? Será que seu medo em confiar não o tornou surdo às pessoas do acampamento que disseram que Jesus fez diferença na vida delas?

Pedi tempo para pensar a respeito daquelas perguntas perturbadoras.

As pessoas do acampamento eram mesmo diferentes, admiti. *Talvez eu devesse ter ouvido o que elas tinham a dizer em vez de descartá-las só porque tiveram uma infância melhor que a minha.*

Na sessão seguinte, eu disse a Dave que ainda não tinha as respostas. — Em que mais devo pensar? — perguntei.

— Diga-me uma coisa, Robby, como você explica o caso das pessoas que andaram perto de Jesus e o viram morrer na cruz? Elas enterraram o corpo morto dele e depois disseram que o viram com um corpo ressuscitado, conforme ele prometeu.[12] Mais tarde, quase todos aqueles homens foram torturados e mortos por terem dito a quem quisesse ouvir que Jesus havia ressuscitado dos mortos.

Dei de ombros. — Não sei se eles estavam mentindo, Dave. Mas de uma coisa tenho certeza: não sou capaz de encontrar 11 caras como eu que aceitariam ser torturados e ter uma morte tão horrível só para pregar uma peça no mundo.

Dave assentiu com a cabeça. —Você leu sobre as mais de 500 pessoas que afirmaram ter visto Jesus depois que ele saiu da sepultura?[13] Elas não eram amigas nem discípulas de Jesus. Eram pessoas comuns. Mas o que viram, ouviram e sentiram deve realmente ter provocado uma transformação nelas.

Eu não sabia o que dizer, por isso ele me deu tempo para assimilar o assunto. — Pense nisso, Robby. Todos enfrentamos essa decisão em algum estágio da vida. E temos de enfrentá-la sozinhos.

---

[12] V. Mateus 27—28; João 19—21; Hebreus 11.35—12.2.

[13] V. 1Coríntios 15.1-8.

Na sessão seguinte, eu disse a Dave: — Sei que, se um garoto desobedecer ao pai ou à mãe, ele deve desculpar-se e pedir perdão.[14] E sei que tenho dito e feito coisas que a Bíblia condena. Mas não entendo por que devo pedir desculpas a um Deus que nunca deu a mínima para os meus pais nem para mim.

Dave pensou por alguns instantes antes de responder. — Será que seus pais não eram muito teimosos e orgulhosos para pedir a ajuda de Deus? E que talvez o orgulho e a raiva também tenham endurecido o seu coração? Você sofreu tanto que tem medo de confiar.

Em seguida, ele fez uma pergunta dolorida: — Será que a ideia que você tem do seu pai biológico é tão negativa que você não consegue pensar em Deus como um Pai espiritual?

Alguma coisa estava tentando destrancar as portas do meu coração.[15] Aquilo me deixava desprotegido. Lutando para manter as portas trancadas, eu disse que precisava de mais tempo para pensar.

As palavras de Dave agitaram minha mente durante dias. Finalmente entendi que tudo se resumia a uma só questão.

O que vou decidir a respeito desse Jesus? Vou rejeitá-lo por achar que é um lunático igual à minha mãe ou vou arriscar-me a buscar esperança mais uma vez e aceitá-lo como alguém que ele diz ser?[16]

Em uma tarde de setembro de 1971, aos 17 anos de idade, tomei a decisão.

Naquele quarto pequenino demais para eu me mexer, dobrei os joelhos. *Jesus,* orei, *se és verdadeiro, entra neste meu pesadelo. Perdoa os meus pecados e me transforma.*

Se me transformares, serei teu para sempre.

Se não, és uma fraude e uma piada.

---

[14] V. Efésios 6.1.

[15] V. Apocalipse 3.20.

[16] V. Mateus 16.13-17.

Aquela não foi a oração que o evangelista Billy Graham teria sugerido.

Não ouvi anjos nem corais cantando. Não caí nem rolei no chão em êxtase espiritual.

No entanto, eu sabia que, apesar da fraqueza da minha fé, naquele momento o Deus do Universo havia entrado no meu coração e algo havia mudado.

Pela primeira vez em anos, eu mal podia esperar para ver o que aconteceria a seguir.

/19/

Um novo começo

Se aquele era um novo começo, eu não tinha certeza se era bom.

Por exemplo, brigar continuava a ser um problema. A lei do galinheiro adotada pelos Meninos Grandes concedia o prêmio de "maioral" ao rapaz mais durão; por ser mais velho e mais forte que os meus companheiros, eu não deveria ser desafiado por ninguém em sã consciência. Mas alguns "internos" não tinham sã consciência.

De vez em quando, um deles me testava. Em vez de surrá-lo, eu fazia cócegas no garoto até ele gritar "tio" bem alto. Pelo menos as cócegas não deixavam meu adversário machucado por uma ou duas semanas.

Infelizmente, aquilo não funcionou com outro rapaz. Ele era mais forte, mais bravo e queria ser o "maioral". E me atormentava rotineiramente.

Um dia, a discussão entre nós foi tão acalorada que terminou em gritaria frente a frente. Eu sabia que o rapaz esperava que eu desse o primeiro soco para ele não ser culpado pelas consequências.

Eu estava ansioso por dar-lhe uma lição. Meu "velho eu" mal podia esperar para esmurrá-lo com toda a força. Conforme acontecera com Ralph e Jack no Castelo de Pedra em *O senhor das moscas*, alguém sairia machucado.[1]

---

[1] Rio de Janeiro: Nova Fronteira, 1977.

De repente, lembrei-me das palavras de Jesus: "Se alguém o ferir na face direita, ofereça-lhe também a outra".[2] E me vi dando meia-volta e afastando-me do local. Entrei furioso no meu quarto e bati a porta com força, sentindo-me infeliz por não ter tirado sangue do rosto do meu inimigo. Peguei a Bíblia e atirei-a do outro lado do quarto.

Acabo de perder a oportunidade de socar aquele idiota e provar quem é o chefe! Será que foi tolice minha não esmagar o rosto dele? Preciso de uma resposta agora! Fale comigo!

A Bíblia foi parar na minha cama, aberta e com a capa para cima. *Com a capa para cima? Seria esta a minha resposta?* Eu esperava encontrar uma passagem qualquer sobre ira que dissesse mais ou menos isto: "Saia daqui, mate mil pessoas e deixe o sangue delas correr em campo aberto".

Folheei a Bíblia. E li um versículo: "A resposta calma desvia a fúria".[3]

Não era o que eu queria ouvir.

Eu havia sido surrado, desprezado e constrangido antes, mas raramente me humilhava. Ler aquele provérbio de três mil anos atrás sobre a sabedoria da bondade e do autocontrole não era nenhuma experiência de humildade.

A raiva começou a desaparecer. *Talvez isto não seja uma história antiga, coberta de pó. Talvez se aplique aos dias de hoje, até mesmo a um sujeito como eu.*

Jogar a Bíblia no chão e gritar com Deus não era boa ideia, pensei, mas, para mim, aquele provérbio não aparecera por acidente. Pelo jeito, Deus se preocupava comigo e estava enviando uma mensagem.

Nosso relacionamento se fortaleceu naquele dia. Comecei a acreditar que o Criador do Universo me conhecia realmente e queria mostrar-me um caminho melhor — desde que eu lhe desse uma chance.

Minha vida também parecia estar recomeçando. No início da primavera de 1972, a Guilford College aceitou-me como aluno para o semestre do outono.

---

2 Mateus 5.39.

3 Provérbios 15.1.

Gigi e eu já havíamos discutido essa possibilidade. Agora, eu a surpreendi quando disse: — Será mais fácil e definitivamente mais barato frequentar a escola em Chicago com alguns amigos do acampamento da igreja.

Ela prestou atenção enquanto eu relacionava todos os pontos negativos de ir para a Carolina do Norte. — A bolsa de estudos em Guilford só inclui a matrícula e as mensalidades, portanto terei de pagar as despesas de alojamento, alimentação, material de estudos, viagem e outras coisas. O cheque do seguro social que recebo por causa da doença do meu pai mais o fundo de reserva aplicado em ações ajudarão um pouco. Mas terei de trabalhar pelo menos vinte horas por semana e me virar para cobrir os custos.

— E vou ficar muito longe de você, Gigi — complementei.

De repente, foi a minha vez de ficar surpreso. — Quero que você frequente a Guilford pelo menos por um ano, Robby — ela disse com firmeza. — Faça isso por mim. Se, depois de um ano, você detestar a escola, encontraremos uma faculdade aqui em Illinois para você estudar.

Fiquei perplexo. Gigi nunca me pedira para fazer algo tão importante como aquilo. Como eu poderia dizer "não"?

Gigi tinha razão. A distância não prejudicaria o nosso relacionamento. Aos 78 anos de idade, ela estava frágil demais para viajar a Princeton. Então conversávamos rotineiramente por telefone. Eu a visitava em Chicago de dois em dois meses e, de vez em quando, relatava os almoços esquisitos com minha mãe uma ou duas vezes por ano, por insistência da própria Gigi. Eu sempre dizia que mamãe estava bem, embora não estivesse. As únicas mudanças que a ida a Guilford me traria seriam gastar mais tempo em ligações de longa distância e viagens.

Apesar de não querer morar em um lugar tão distante e desejar estar com meus novos amigos da igreja e do acampamento, finalmente concordei que seria tolice não aceitar a bolsa de estudos.

A partir daí, quando as pessoas me perguntavam o que eu faria depois da formatura, respondia com orgulho: "Vou para a faculdade na

Carolina do Norte". A maioria dos meninos do abrigo que receberia diploma — pelo menos os que eu conhecia — encolhia os ombros e resmungava "não sei" quando alguém lhe fazia a mesma pergunta.

O fato de poder dizer que ia para a faculdade era uma verdadeira massagem no meu ego. Mas, de repente, a conversa terminava, e eu tinha de enfrentar a realidade de que estava ficando adulto. Em poucos meses teria de viver por conta própria, sem ninguém em quem me apoiar. Apesar da minha aparência de durão, a ideia me apavorava.

Em busca de encorajamento, voltei a ler *A partir da escravidão*, de Booker T. Washington.[4] Uma das afirmações que li no livro era: "A juventude do negro começa com o preconceito contra ele".

Eu me identificava com isso, pelo menos em parte. Vivia isolado não por causa da cor da minha pele, mas por causa da minha condição social e econômica. Estava entrando no mundo dos adultos no qual muita gente desprezava pessoas como eu. O que aconteceria se os outros alunos da faculdade descobrissem que eu fora criado em um abrigo?

Talvez minha carteira de ações me desse alguma vantagem. Esperava que sim; era óbvio que eu precisava aprender algumas regras sociais que a maioria dos meninos adquire no ambiente familiar. Era útil lembrar que Booker T. havia sido criado em um casebre sem banheiro dentro e dormia sobre chão de terra. Ele também não conhecia nada sobre etiqueta social quando entrou no Hampton Normal and Agricultural Institute, hoje a Universidade de Hampton.

Assim como Booker, eu me esforçava para superar minha infância. Ele venceu — eu queria seguir seu exemplo.

Também descobri que uma das disciplinas espirituais de Booker T. era ler dois capítulos da Bíblia todos os dias, mais um capítulo de Provérbios. Ele achava Provérbios um livro útil especialmente nas funções que exercia como homem de negócios, marido e pai. Uma vez que ele era mais inteligente que eu, achei que deveria seguir seu plano.

---

[4] Signet Classics, 2000, p. 25.

Enquanto buscava orientação para o futuro, recebi outro conselho vindo de uma fonte inesperada.

Aconteceu em uma bela tarde de primavera, pouco antes da formatura. Eu estava trabalhando em silêncio com Tony Martin, o jardineiro e faz-tudo do abrigo. Ele não falava muito. Uma das poucas coisas que eu sabia sobre aquele homem era que ele abandonara a escola após a terceira série para ajudar a família durante a Grande Depressão.

Naquela tarde, Tony parou repentinamente de varrer as folhas. O suor pingava de sua pele grossa como couro. Virando-se para mim, ele me olhou direto nos olhos.

— Robby, quero dizer uma coisa a você.

Olhei firme para ele. Nos meus catorze anos de abrigo, Tony nunca havia parado para conversar comigo.

— Trabalho aqui há muito tempo, Robby, e tenho visto centenas de garotos chegando e indo embora. Você é o único que tem possibilidade de ser médico, advogado ou coisa parecida. Só quero pedir uma coisa: quando você chegar lá, não se esqueça de pessoas como eu.

Arregalei os olhos — não porque o velho e grosseiro Tony havia conversado comigo, mas porque ninguém jamais conversara comigo daquela maneira.

Dando importância a cada palavra dita, declarei: — Tony, vou me lembrar deste momento. E, sinceramente, tentarei não me esquecer de você nem de ninguém em sua situação.

— Não se esqueça de pessoas como eu — ele repetiu. Em seguida, virou-se e começou a varrer as folhas sem dizer mais nada.

Entendi o significado de suas palavras. Era sua maneira de dizer que todas as pessoas têm valor. Era sua maneira de dizer que as pessoas nos primeiros degraus da escada da "importância" também têm sentimentos, esperanças, sonhos e necessidades.

Ele viu potencial em mim quando eu esperava apenas sobreviver. E me fez lembrar o significado de ser uma pessoa rejeitada pela sociedade.

Eu ouvi o que você disse, pensei. *Prometo nunca me esquecer do que significa ser considerado um joão-ninguém.*

Aquele pensamento mostrou que algo começava a mudar lentamente no meu coração. Mas eu ainda adotava uma atitude rebelde e antissocial — e isso me causava problemas.

Deixei a barba crescer em uma época na qual muitos adultos americanos achavam que os rapazes barbudos eram manifestantes contra a guerra, *hippies*, consumidores de drogas ou desajustados sociais. As tonalidades loiras do meu cabelo quase ocultavam as minhas costeletas, mas os administradores da escola e do abrigo me repreenderam severamente.

Com a aproximação da formatura, cinco rapazes do último ano, inclusive eu, continuavam a usar barba. Quatro deles, os "da cidade", começaram a ter problemas sérios com os pais e colegas. Alguns dias antes da formatura, os quatro me encurralaram e disseram: — Mitchell, que tal a gente raspar a barba? Vamos fazer isso juntos.

— Caras — eu disse —, façam o que quiserem. Eu não me importo. Mas não vou raspar a barba. Não há nenhum motivo para eu fazer isso.

Todos rasparam a barba. Eu não.

Ao atravessar o corredor para receber o diploma, andei de cabeça erguida. Senti uma satisfação estranha enquanto os pais me lançavam olhares enviesados de indignação.

Em mais de cem anos, nenhum garoto barbudo havia recebido diploma em Princeton. Se alguém me tivesse perguntado por que fui o primeiro, provavelmente eu teria respondido: "Não me importo nem um pouco com o que os adultos ou os colegas pensam. Daqui a uma semana, todas essas pessoas não vão significar nada para mim nem para meu futuro".

Quando o último verão da minha infância chegou, voltei ao acampamento da igreja. Tudo parecia diferente. Eu não era perfeito, mas também não era um "selvagem". As pessoas que me conheceram no ano anterior ficaram satisfeitas ao ver a diferença. Entendendo que eu me encontrava nos estágios iniciais de uma nova vida, não deram importância ao meu lado grosseiro.

Quando o verão terminou, viajei a Chicago por alguns dias para ver Gigi. Nenhum de nós sabia onde minha mãe estava, o que me agradou muito.

Na hora da despedida, Gigi e eu não nos emocionamos. Afinal, eu ligaria para ela e a visitaria várias vezes por ano. Enquanto nos abraçávamos, ela me deu um aviso e fez uma promessa: — Ainda vou viver até ver você se formar na faculdade e se casar, Robby.

— Também espero isso, Gigi! — eu disse, e nós dois rimos.

De volta a Princeton, minha ausência durante o verão fez-me sentir como se já houvesse partido do abrigo. Na véspera da partida, despedi-me de todos os funcionários e da maioria dos meninos.

Por último, mas não de menos importância, havia Nola.

Alguém a substituiu para cuidar dos Meninos Pequenos a fim de que pudéssemos dar um longo passeio. Sempre preocupada, mas nunca de maneira ingênua ou melodramática, Nola lembrou-se dos tempos em que eu era um cãozinho saltitante quando ela chegou ao abrigo. Lembrou-se de como o pessoal se esforçara para manter-me emocionalmente estável e de como eu chorava quase a noite toda na segunda série quando desistira de ter esperança.

Contou que sofreu comigo quando voltei depois de ter sido raptado pela minha mãe. Nola sabia que aquele havia sido o começo de uma jornada amarga que piorou quando os meus parentes em Atlanta aparentemente não me aceitaram.

— Mas, Robby — ela disse —, nunca deixamos de orar por você. Nunca perdi a esperança de que um dia você resolveria sair da escuridão em que se encontrava. Estou muito feliz por ver você iniciando sua caminhada espiritual.

Enquanto ríamos de outras lembranças da infância, um pensamento ocorreu-me: *Será este o tipo de conversa que ocorre entre uma mãe normal e seu filho?*

Eu gostaria de ter tido momentos como aquele.

De repente, Nola se virou para mim. Em vez de se ajoelhar para olhar seu "pequeno Robby" nos olhos, ela segurou meu rosto com as duas mãos — como sempre fazia quando queria ter certeza de que estávamos prestando atenção em suas palavras.

Com os olhos úmidos, ela repetiu o que me dissera tantas vezes quando eu era um de seus "pequeninos": — Não se esqueça disso, Robby. Deus o ama, e eu o amo também.

O nó na garganta impediu-me de dizer o que eu sentia.

Tive vontade de gritar: "Obrigado por me amar, por orar incessantemente por mim, por acreditar em mim e em dezenas de outros meninos". Mas só consegui abraçá-la com força e dizer com voz embargada:
— Obrigado.

Ela me beijou no rosto, desejou-me boa sorte e voltou ao caos de ter de colocar uma dúzia de meninos para dormir.

Antes de deixar a cidade, tentei desculpar-me com os garotos com quem procedi mal — os meninos que machuquei e as meninas que tratei grosseiramente. Não encontrei ninguém. Logo comecei a fazer as malas e aprontar-me para deixar Princeton para trás de uma vez por todas.

Bondoso como sempre, meu primo Art se ofereceu para levar-me de carro à Carolina do Norte naquele agosto de 1972. Abarrotei o carro dele com todos os meus bens materiais — violão, gravador de fita cassete, coleção de discos, duas maletas com roupas, uma Bíblia, uma caderneta bancária e um extrato de ações.

Não olhei para trás quando saímos de Princeton. Não fiz um aceno de despedida. Apenas desfrutei a sensação de liberdade.

Finalmente estava fora do abrigo onde lutei para sobreviver durante longos anos.

Estava fora da cidade onde algumas pessoas se importavam com garotos como eu, mas outras nos tratavam como cidadãos de segunda classe.

Estava por conta própria.

Não tinha família nem lar. Mas tinha duas perguntas:

Conseguirei sobreviver?

E poderei ter uma vida melhor que a minha infância?

/ 20 /

O calouro

A GUILFORD COLLEGE ERA UM MUNDO DIFERENTE.

O sotaque sulino, a avenida de álamos e carvalhos, os prédios de tijolos vermelhos fabricados com barro local — tudo a respeito daquele *campus* de 135 anos fazia lembrar que eu não estava mais em Princeton.

Aquilo era bom para mim. Eu estava pronto para mudar, ansioso por me reinventar.

Para a nova turma, enterrei o Robby do abrigo e passei a ser o Rob. Prometi nunca mais permitir que alguém me transformasse em cidadão de segunda classe ou me julgasse por aquilo que os meus pais fizeram. Jamais seria desprezado ou colocado de lado pelo fato de todos acharem que um menino vindo de abrigo era ladrão ou encrenqueiro.

As pessoas não pensavam isso de mim porque não conheciam minha história. Decidi que só abriria o livro da minha infância a alguém em quem confiasse — um amigo verdadeiro que não saísse correndo assim que lesse as páginas do meu passado.

Estava determinado a me provar também. No primeiro semestre, decidi tentar jogar no time de basquete.

Afinal, pensei, *provavelmente posso ser um figurão nesse grupinho. Uma faculdade particular como esta não deve ter muitos jogadores com bolsa de estudos. Preciso ir em frente e pelo menos fazer parte do time reserva.*

Meu objetivo pouco tinha que ver com esportes. Eu queria ser aceito por direito, não apenas tolerado. Esperava mostrar na quadra de basquete que eu era tão bom quanto os meninos criados em lares "de verdade".

Mal sabia o que teria de enfrentar.

O primeiro jogador que conheci no teste foi M. L. Carr. Ele se tornaria profissional de basquete, jogando durante anos pelo Boston Celtics.

O seguinte foi Lloyd Free, que posteriormente mudou de nome para World B. Free. Ele seria um dos principais jogadores da Liga Nacional de Basquete.

— Você é bom em quê? — o treinador me perguntou.

— Sou rápido — respondi. — Sou muito bom na defesa e também no manuseio da bola.

— Muito bem, você vai marcar aquele cara chamado Free. — Acho que ele deu um risinho malicioso ao afastar-se.

Olhei Free por cima. *Acho que posso com ele,* pensei. *Tudo o que quero é fazer parte do time reserva. Não espero começar no time principal.*

Um dos meus treinadores no ensino médio me havia ensinado que, quando marcamos um jogador, devemos observar a movimentação de seu quadril. "Os jogadores de basquete podem enganar você com os pés, com a cabeça, com os ombros ou com a bola", o treinador explicou, "mas o quadril deles não mente".

O quadril de Lloyd Free mentiu.

Depois da primeira luta pela bola, eu me senti igual a um boneco de trapo. Nunca havia sido derrotado daquela maneira na vida. Humilhado, afastei-me zonzo da quadra.

Quando contei ao meu colega de quarto o que havia acontecido, ele morreu de rir. "Cara, eles quase ganharam o campeonato da Associação Nacional Intercolegial de Atletas no ano passado, e provavelmente vão ganhar este ano." E eles ganharam mesmo.

Nunca saberei se poderia ter feito parte do time reserva. Talvez se tivesse um pai que dissesse: "Filho, volte e tente de novo", eu teria feito isso. Mas não havia nenhum pai para me encorajar, nenhuma família para me estimular.

Você está destinado ao fracasso!, uma voz sussurrou dentro de mim. Lembrando-me da minha insistência infrutífera de ser aceito no time do ensino médio, desisti. Não queria ser derrotado tão depressa na faculdade.

Não demorou muito para eu conhecer de perto como viviam os filhos normais nascidos em lares de verdade. Aquilo foi, entre outras coisas, um ponto de dificuldade no primeiro semestre.

Quando tinham problemas, sentiam-se frustrados ou abatidos, os rapazes ligavam para casa.

Recebiam cartas contando o que os outros membros da família estavam fazendo.

As mães ligavam com frequência para saber se estavam bem, se precisavam de dinheiro, se tiraram notas boas e se haviam conhecido garotas bonitas. Eu os invejava.

Ligava para Gigi todos os sábados à tarde, mas não lhe fazia confidências. Tinha certeza de que ela não entenderia os meus sentimentos e não queria preocupá-la. Mais uma vez me senti no deserto da solidão emocional.

No decorrer do semestre, comecei a procurar amizades e compreensão em relacionamentos cristãos. Alguns grupos com alguma base espiritual reuniam-se no *campus*. Mas fiquei perplexo quando conheci muitos que se consideravam bons membros de sua denominação, mas não pensavam em si mesmos como cristãos.

Felizmente, associei-me a um grupo de homens e mulheres aposentados e com muita bagagem espiritual; eles me ajudaram a aprender a velha prática dos quacres de sentar em silêncio e aguardar a voz de Deus. Quando comecei a meditar, porém, não tinha certeza de como reagiria se ouvisse realmente Deus falar. Provavelmente decidiria que estava prestes a ser internado em um hospital de doentes mentais como meu pai — ou morar na rua como minha mãe louca.

Segundo aqueles meus conselheiros, a Bíblia promete que, se buscarmos Deus, nós o encontraremos. Explicaram que a meditação cristã é um processo no qual a pessoa se esvazia de si mesma a fim de ser abastecida pelo próprio Deus.

Foi muito difícil reduzir a alta energia do meu corpo e cérebro para poder parar, ouvir e aguardar Deus — mesmo durante alguns minutos por dia. A prática, porém, além de me acalmar, ajudou-me a reconhecer aquela voz. Assim que aprendi a ouvir, Deus falou — não em voz alta, não todos os dias. Mas ocasionalmente, quando eu precisava ser conduzido, uma frase ou um pensamento que não eram meus vinham-me à mente, não deixando dúvida alguma quanto à sua fonte.

Tratava-se de uma forma de comunicação que Deus em breve usaria de forma muito inesperada — uma forma que mudaria a minha vida.

/ 21 /

O lar

CHEGOU O VERÃO DE 1973. Meu primeiro ano na faculdade me esgotara. Eu estava disposto a mudar de ritmo.

Depois de voar para Chicago e visitar Gigi por alguns dias, peguei um ônibus rumo a Moline, Illinois — cerca de três horas de viagem no sudoeste de Chicago.

Meu amigo Scott morava lá. Conhecemo-nos três anos antes no acampamento de verão. Scott e a família tiveram a bondade de me convidar para ir a Molina em muitos fins de semana durante o ensino médio; depois Scott e eu trabalhamos em Lake Geneva como salva-vidas e instrutores de natação do acampamento.

Enquanto o ônibus me conduzia pela rodovia interestadual 80 rumo a Moline, eu contemplava os campos floridos. No início de junho, os pés de milho de folhas verdes brilhantes não eram altos o suficiente para esconder a terra fértil e escura onde estavam plantados.

De repente o ônibus passou por uma tabuleta: PRINCETON 96 QUILÔMETROS.

Fiquei perplexo. Quando deixei a cidade em direção à faculdade, não tinha a intenção de voltar. Uma vez que viajava de trem a maior parte do tempo, não havia percebido que o ônibus passava pela comunidade da fazenda sueca onde eu fora criado.

Lembrei-me de uma piada que fazíamos a respeito de Princeton — que a cidade só comportava três semáforos, portanto todos estavam instalados na rua principal. Sorri, sentindo-me mais importante que a cidadezinha, uma vez que trazia um ano de faculdade na bagagem. Com certeza meu passado ficara para trás, e eu estava pronto para seguir em frente.

Quando nos aproximamos de Princeton, imaginei que acenaria mentalmente um último adeus pelo fato de me encontrar bem longe de lá, na rodovia interestadual 80. Mas, de repente, o motorista ligou a seta e desviou o trajeto para a cidadezinha.

Logo o ônibus estava rodando pela rua principal. Olhei através das janelas grandes e escurecidas enquanto seguíamos em direção ao pequeno hotel que servia como terminal de ônibus de Princeton. Eu estava seguindo em direção a um momento decisivo.

Nas calçadas, avistei atletas do ensino médio que correram e jogaram basquete comigo menos de um ano antes. Vi o Dairy Queen, onde os alunos que antes se sentavam ao meu lado agora tomavam sorvete. Reconheci os rapazes que atiravam bolas de neve em mim.

Eles não me viam atrás da janela escurecida do ônibus. Aquilo explicava por que nenhum deles me chamou pelo nome nem sorriu ou apontou para mim. Ou alguém fez isso?

"Ei, sou eu, turma!", tive vontade de gritar. "Vejam! Estou aqui!" Eles não podiam ouvir-me, é claro, já que a janela estava fechada por causa do ar condicionado. Mas e daí se tivessem ouvido?

Eu era invisível para eles de muitas maneiras. A vida em Princeton continuava como se eu nunca tivesse morado ali.

Após uma rápida parada no hotel, o ônibus retomou seu caminho. Parou no terceiro e último semáforos da cidade antes de pegar novamente a interestadual.

Com um entorpecimento em câmera lenta, eu me dei conta de que o Covenant Children's Home ficava a apenas quatro quarteirões a leste, na Elm Street. As crianças e os funcionários não sabiam que eu me encontrava na cidade. Mas, se soubessem, que diferença faria?

Princeton era o meu lar apenas no nome. Na verdade, eu não tinha lar.

O pensamento atingiu-me como um tufão do Meio-Oeste. Em geral, eu tinha tempo para mergulhar em algum porão interior antes que as tempestades emocionais da minha infância irrompessem. Mas aquele desvio inesperado me pegou de surpresa. Não houve tempo de colocar barricadas nas portas.

Antes, eu me sentia desprezado, ignorado e rejeitado, mas nunca invisível. Agora, parecia que, se eu sumisse subitamente, ninguém notaria ou se preocuparia comigo.

Os garotos correndo na rua ou parados no Dairy Queen estavam em casa. Aquela era a cidade deles. Mais tarde, eles voltariam ao refúgio e à segurança de sua casa — onde havia pais, irmãos e lembranças. Quanto a mim, contudo, o lugar onde passei quinze de meus primeiros dezoito anos de vida não era mais o meu lar.

Aquele capítulo da minha vida terminara abruptamente. O abrigo não tinha dinheiro para nos acompanhar após a formatura, nos aconselhar ou nos dar apoio financeiro ou emocional. Ninguém permanecia em contato conosco. Ninguém telefonava para perguntar se estávamos bem — ou vivos.

A culpa não era do pessoal do abrigo. A maioria trabalhava tanto que o dia parecia ter 25 horas. Não havia tempo para os que saíam de lá. Lutar para seguir o próprio caminho era uma dura realidade, outra sequência perigosa de cachoeiras no rio escuro da vida no qual fomos atirados.

Lembrei-me de que, quando jogava basquete no abrigo, eu retesava os músculos ao ver que outro jogador estava prestes a me encurralar na parede de tijolos que sustentava o cesto. Agora, enquanto o ônibus seguia pela interestadual, percebi que acabara de ficar encurralado — sem poder retesar os músculos para afastar o sofrimento.

Antes, eu não era capaz de admitir que não podia ir para casa. Evitava o assunto na faculdade; quando os outros alunos perguntavam onde eu ia passar os feriados do semestre, eu dava respostas evasivas e mencionava os nomes da cidade que visitara. Eles achavam que eu ia para casa. Explicar a verdade caótica parecia sem sentido, portanto nunca tentei.

Além do mais, pensei, *quem se identifica com a minha história?*

Afinal, era dolorido demais admitir aos meus colegas — e talvez a mim mesmo — que eu não tinha o que a maioria deles considerava favas contadas.

Até o abrigo não era mais o meu lar. Aquela dura conscientização me dilacerou. Temendo que os outros passageiros do ônibus pensassem que eu estava louco, cerrei os dentes com força e contive a tempestade dentro de mim.

Tomado pela fúria, dirigi os pensamentos a Deus. *Por que não me deste um pouco de paz na vida? Eu não queria uma mansão em Atlanta. Ficaria feliz com uma casa de quatro cômodos, um pequeno jardim e um cão. Nada de coisas mirabolantes. Só queria um lar com uma mãe e um pai, sem me importar se tínhamos dinheiro ou não. Eu só queria um lar!*

Por que, Deus? Por que esta vida? O que fiz para merecer isso?

Esperei alguns instantes. Nada.

Por que não me respondes?, gritei.

Silêncio.

Estás me ouvindo?, esbravejei, mas sem pronunciar uma palavra.

Silêncio. Um silêncio sem resposta, como se alguém me tivesse enterrado vivo.

Olhei pela janela enquanto as terras de Illinois passavam por mim. *Nunca poderei ir para casa, certo?*

Apesar do amor de Gigi, o apartamento dela não era um lar. Nem Atlanta, embora tio Arnold e tia Alice me permitissem visitá-los.

Aonde quer que fosse, eu me sentia como hóspede.

Lar é aonde podemos ir sem ser convidado.

As ondas emocionais continuaram a bater em mim como uma rebentação perigosa. Depois de alguns minutos de gritos interiores, eu estava exausto demais para pensar.

Então, enquanto o ônibus rodava pela interestadual, um pensamento pairou de forma inesperada na minha mente. Entrou suavemente como uma pluma, e quase não me dei conta dele.

Chame-me de Pai, Rob. Eu sou o seu lar.

Uma resposta irada partiu de dentro do meu ser.

Esperas que eu fique satisfeito com isso? Essas palavras não explicam nada! Isso jamais eliminará as cicatrizes dos últimos quinze anos, e não ajudará agora! Estás me ouvindo?

Não tenho lar. Nunca vou dormir no meu quarto de infância. Não poderei levar a minha esposa para conhecer a casa onde cresci.

Meus filhos não poderão brincar com a vovó e o vovô. Se eu estiver ferido, magoado ou com problemas, não poderei ligar para casa em busca de ajuda!

És capaz de me entender? Eu não tenho lar!

Se Deus tinha uma resposta, minha ira impediu-me de ouvi-la. Mas eu estava cansado demais para continuar a me justificar por muito tempo.

Finalmente, ouvi a voz novamente. Era gentil, porém firme, como uma ordem carinhosa.

Eu sou o seu lar, Rob. Eu sou o seu lar.

Continuei exausto, em silêncio.

Eu pedi para ser mudado, não pedi? Estava acontecendo — lentamente.

E agora, "Assim como eu sou", o Deus do Universo estava se oferecendo para adotar-*me*.[1] Não havia período de espera, nada de visitas a

---

[1] V. Romanos 8.14-17.

lares adotivos, nenhuma corrente amarrada. Eu nem sequer precisava ser uma pessoa melhor antes disso.

Enquanto o ônibus rodava pela estrada escura, respondi:

Está bem, Deus.

Vamos fazer um trato.

Eu te chamarei de Pai.

Tu serás o meu lar.

/ 22 /

A revelação

Retornei à faculdade para cursar o segundo ano com a certeza de que Deus me oferecera um lar espiritual — um lar permanente — e eu o aceitara.

No entanto, havia ainda muitos obstáculos do passado a serem superados.

Por exemplo, eu estava confuso por não saber lidar com a "liberdade sexual" do *campus* universitário. Não tive um pai por perto para dar-me uma visão positiva da sexualidade, nem um modelo do que o amor e o casamento significavam.

Fui criado com o padrão dúbio de comportamento que dizia que os homens podem dormir com quem quiserem, mas as mulheres não. Agora, eu via que essa atitude não era devota, nem justa, nem inteligente. Estava, porém, conhecendo mulheres que declaravam abertamente que, se o homem fosse muito "excitante", elas queriam ter uma experiência com ele — e o interesse que algumas demonstravam por mim levava o meu ego às alturas.

Minhas atitudes antigas estavam mudando, só que lentamente. Eu me lembrava dos ensinamentos de Swaney, meu conselheiro da oitava série. Ele dizia que sexo se destinava apenas a pessoas casadas. No entanto, quando a oportunidade batia à porta, era difícil seguir esse conselho.

Uma noite, quando meu colega de quarto estava fora da cidade, uma garota que eu namorava me acompanhou até o quarto. Deitados na minha cama, nós nos beijamos sem tirar as roupas, mas nossos corpos gritavam com todas as letras: "Vão em frente!".

De repente, uma voz interior gritou: *Não! Deus não o chamou para fazer isso!*

As nuvens de fumaça no meu cérebro, carregadas de testosterona, desapareceram subitamente. Não sei como, mas consegui reunir forças para colocar os pés no chão e levantar-me. Nós dois ficamos surpresos quando eu disse: — Vamos dar uma volta.

Enquanto caminhávamos nos arredores, ela se mostrou visivelmente confusa; eu não encontrava as palavras certas para me explicar. Não sabia ao certo por que havia parado. Finalmente, depois de esfriar a cabeça, eu disse: — Não sei realmente o que aconteceu... Mas faz pouco tempo que dei uma chance para que Deus me mudasse e, de repente, achei que não era o que deveríamos fazer.

Naquela noite, permaneci longo tempo acordado, tentando analisar a experiência. *Por que cargas-d'água fiz aquilo? Onde encontrarei forças para me segurar na próxima vez, e na outra, até me casar?*

Já havia visto muitos rapazes como eu se envolverem sexualmente com garotas, não por amor nem por lascívia, mas para preencher o vazio emocional. Sabia que era hora de lembrar que eu havia mudado e continuava a mudar.

Quero ser um homem, um marido e um pai fiel no qual todos possam confiar.

Esperava poder viver de acordo com esse padrão de comportamento, mesmo sem a orientação dos meus pais.

Havia aprendido, porém, que, se a situação esquentar demais, temos de aguentar firme.

Precisava também de orientação a respeito da matéria na qual eu me especializaria.

Eu vivia em constante agitação e não tinha ideia da carreira que deveria seguir. Considerei por algum tempo a ideia de ser pesquisador químico, mas os cornisos em um dia de primavera me convenceram de que eu não passaria o resto da vida em um laboratório. Eu gostava de estudar línguas, mas não via como isso poderia me ajudar a ganhar dinheiro. A área contábil também parecia uma possibilidade porque eu tinha facilidade de lidar com números, só que a ideia não chegou a me entusiasmar.

Pouco antes dos feriados de Natal, eu me sentia uma rena sem trenó. Estava desperdiçando meu tempo e a bolsa de estudos da família. Só tinha uma certeza: meu futuro estava nas mãos de Deus — e, se deixasse o controle nas suas mãos, eu saberia o que fazer.

Certo dia, um amigo de Chicago mencionou por telefone que a igreja que patrocinava o abrigo tinha um programa de missões de curta duração. Ao pensar no assunto, senti-me atraído pela chance de passar um ano na África. O trabalho: ser "ajudante geral" dos missionários.

No entanto, não haveria remuneração. A perspectiva da igreja era: "Se Deus aceitar esta ideia, ele proverá. Você não deve ser um peso para os missionários".

O diretor do programa disse que eu deveria dispor de 3.500 dólares para pagar a viagem e as despesas. Eu tinha essa quantia na minha carteira de ações, mas queria usá-la para comprar um carro novo — um conversível preto. Depois de conversar com o pessoal do programa e orar por orientação, achei que o conversível poderia esperar.

Após ter orado por muito tempo e com fervor, senti — com a certeza espiritual imatura que eu tinha na época — que aquele era o meu chamado.

Ainda assim, hesitei no momento de contar a Gigi. Imaginei que ela não apoiaria o meu plano.

Quando, porém, liguei para ela, Gigi não resistiu nem por um segundo. — Se for essa a vontade de Deus, Robby, vá em frente com o meu amor e as minhas orações.

Meus parentes em Atlanta não concordaram, achando que era perda de tempo e que eu não concluiria a faculdade. Mas, nos feriados da primavera de 1974, tomei a decisão.

Meus professores em Guilford aprovaram meu pedido de créditos em razão dos meus estudos de francês e da língua congolesa lingala. Também obtive créditos em estudos africanos com base nos meus diários e em uma dissertação no último período letivo.

A ideia de ficar fora do país por um ano me fez pensar muito se eu voltaria a ver meus parentes mais idosos. Também me forçou a fazer uma pergunta que nunca tive coragem de fazer.

Aconteceu no fim do verão, depois que trabalhei na concessionária de carros do tio Arnold e morar com ele e tia Annis. Ao aproximar-se o dia da partida, despedi-me da tia Alice, do tio Mack e dos meus primos — mas não de vovó Pauline, que se encontrava em uma casa de repouso.

Na noite anterior ao voo para Chicago, sentei-me para a última conversa com tio Arnold e tia Annis. Arnold estava com quase 80 anos; eu detestava a ideia de perdê-lo, mas sabia que aquela poderia ser minha última oportunidade de perguntar o que nunca perguntara a ninguém em Atlanta.

— Tio Arnold, preciso fazer-lhe uma pergunta difícil. Gostaria muito de receber uma resposta sincera, não importa qual seja a verdade.

Aparentemente, ele sabia qual era a pergunta — e estava preparado havia anos para ouvi-la.

— Entendo que Gigi era pobre demais para me aceitar na casa dela — eu disse. — Apesar de querer isso, ela não estava preparada emocional ou psicologicamente para brigar com minha mãe pela custódia. Teria sido uma batalha constante com uma pessoa demente. Mas não entendo por que ninguém em Atlanta me tirou do abrigo para me criar. Por que ninguém me quis?

Causou-me surpresa ver lágrimas nos olhos do meu tio. Ele se esforçou para se recompor.

— Robby, meu rapaz, tentei repetidas vezes convencer Pauline de me deixar criar você. Seu avô Mitchell não era apenas meu irmão e um homem santo. Era também meu melhor amigo. Ele teria ficado muito feliz se eu criasse o neto dele, e eu queria muito fazer isso por vocês dois.

Atordoado, permaneci em silêncio enquanto Arnold fazia uma pausa, sufocando as emoções. Antes de prosseguir, ele tomou um gole de uísque.

— A verdade é que sua avó Pauline não permitiu que eu nem ninguém da família o criássemos.

Meus pensamentos voavam, tentando entender tudo aquilo. — Por quê?

Silêncio.

— Por que, tio Arnold?

Ele sacudiu a cabeça, com lágrimas rolando pelas faces enrugadas. — Você era um estorvo social para Pauline, Rob. O fato de você viver em Atlanta e não ser criado pelo filho dela exigiria muitas explicações difíceis em seus círculos sociais. Para ela, era muito mais conveniente dizer que você morava em Illinois.

Um estorvo social?

Minha avó não queria permitir que alguém da família me criasse porque teria sido difícil explicar isso em seus círculos sociais de elite?

Eu mal podia acreditar. Pertencia à família em termos legais, mas não servia para ser criado por um membro dessa mesma família. Que droga de prêmio eu era!

E o que dizer dos membros da família que não tiveram coragem suficiente para levantar-se e fazer o que era certo? Aparentemente, nenhum deles considerou a hipótese de contrariar Pauline, entregando dinheiro e ajuda legal a Gigi para que ela me criasse.

Após o choque inicial, eu não sabia se me sentia extremamente ofendido ou resignado. Por um lado, aquela revelação dolorosa parecia ser uma a mais de uma longa lista. Por outro lado, senti-me quase aliviado. Pelo menos não tinha mais de ruminar o assunto.

Despedi-me deles no dia seguinte. Tia Annis abraçou-me e chorou. Tio Arnold deixou de lado seu costumeiro aperto de mão e, pela primeira vez, abraçou-me. — Lembre-se, rapaz — ele disse. — Eu sempre amei você.

Com os pensamentos revoltos, voei para Chicago a fim de visitar Gigi. Depois de discutir sobre meu prato assado favorito, ela disse: — Estou feliz por você, Robby. Faça o que Deus está dizendo para você fazer.

— Estou triste por deixar você. E por estar tão longe, caso precise de mim.

— Não pense nisso nem por um minuto — ela replicou com sua forma realista de ser. — Além do mais, espero morrer enquanto você estiver lá. Assim, não serei um peso para você. E, se estiver na África, você não saberá se estou doente e não terá tempo para vir ao meu enterro.

— Pare com isso — protestei. — Você não vai morrer enquanto eu estiver fora e nunca será um peso para mim. Nunca!

— Bom, não vamos mais falar desse assunto — ela disse. — Mas não se esqueça de que os móveis são seus e também todo o dinheiro que restar na minha caderneta de poupança.

Mais tarde, sentado no sofá antes de dormir, coloquei a mão sobre seus dedos frágeis. — Gigi — eu disse —, preciso fazer uma pergunta difícil.

— Faça, Robby — ela replicou. Seu tom de voz indicava que ela também esperava aquela pergunta.

— Na infância, nunca entendi por que minha família em Atlanta nunca quis me criar. Esse assunto me atormentou durante anos. Antes de partir de Atlanta, perguntei ao tio Arnold por que a família não me quis. Sabe o que ele me contou, Gigi?

— Sei, filho. Ele disse que Pauline não permitiu. Você era um estorvo social para ela.

— Mas, Gigi... se você sabia disso, por que não me contou?

Seus ombros pequenos começaram a tremer. Passei o braço ao redor dela. — Não estou zangado por você não me haver contado, Gigi. Só quero entender.

— Eu soube disso quando você estava no ensino fundamental — ela disse, enquanto as lágrimas começavam a fluir. — Mas todas as vezes que você me perguntava se poderia morar em Atlanta, era doloroso dizer que nunca moraria lá. Você já havia sofrido tanto que eu não queria contar que havia sido rejeitado mais uma vez. Principalmente por um motivo tão mesquinho.

A voz dela transformou-se em um sussurro. — Eu não podia fazer isso. Sinto muito, muito mesmo.

E ela começou a chorar alto.

Abracei-a como um pai abraça uma filha cujo coração foi despedaçado. Repeti várias vezes que não estava zangado. Estava surpreso por descobrir que — pelo menos naquele momento — isso era verdade.

Acho que foi o que o psiquiatra quis dizer quando afirmou que eu poderia intelectualizar as emoções, pensei. *Ponha o problema dentro de uma caixa, tampe-a e abra-a em outra etapa da vida, quando estiver pronto para lidar com ele.*

Não era hora de sentir raiva. Era hora de consolar Gigi, que estava chorando porque minha infância havia sido muito difícil e ela pouco pôde fazer quanto a isso. Eu queria que Gigi soubesse que ela me dera aquilo de que mais eu necessitava — a segurança que vem do amor constante e incondicional.

Foi difícil dormir naquela noite.

O problema não era apenas a descoberta que fiz do passado. Nem era medo da selva africana.

O problema era incerteza.

No dia seguinte, eu viajaria a um lugar desconhecido para fazer um trabalho desconhecido e ficaria um ano sem ver Gigi, minha avó de 80 anos de idade.

No entanto, o mais importante era que eu estava fazendo algo que nunca fizera — confiando que ouvira o chamado de Deus. E a ideia de confiar em alguém ainda me deixava muito desconfortável.

/ 23 /
Na África

De Chicago, voei para Paris — e depois para Bangui, capital da República Centroafricana. Instruções recebidas: aguardar em Bangui até que um avião da Missionary Aviation Fellowship chegasse. Ele me levaria à cidade de Gemena, localizada na região noroeste do Zaire (atual República Democrática do Congo) conhecida como Ubangui.

Será que perdi o juízo?, perguntei ao desembarcar do avião de selva em Gemena. *Este lugar é quente, abafado, embolorado, poeirento e malcheiroso. Devo estar louco!*

Naquela primeira noite, continuei a me questionar. *Será que vim para cá por motivos errados? Deus realmente me conduziu? Vou completar 20 anos daqui a alguns meses e aqui estou como o Tarzan das histórias em quadrinhos.*

No entanto, depois de meditar e orar, senti-me mais em paz. Por algum motivo, Deus me queria na África. E, por mais estranho que o lugar me parecesse, algo empolgante estava à minha espera.

O Ubangui, uma mistura de selva e pasto bem ao norte da linha do equador, produzia banana, laranja, limão, lima, abacaxi, manga e mamão em abundância. Dizer que se tratava de uma região remota era eufemismo; em 1974, o telefone mais próximo ficava a 800 quilômetros de distância e não funcionava durante a estação chuvosa.

Os missionários trabalhavam em sete localidades, espalhadas por um raio de mais de 150 quilômetros. Em Gemena, onde eu me encontrava, havia a única agência de correio e o único banco da região, a pista de pouso e decolagem mais extensa da área, escritórios de alfândega e passaporte, uma pequena base militar e um hotel com um pequeno restaurante em estilo europeu, igual ao do filme *Uma aventura na África*. Algumas lojinhas, uma escola de curso colegial onde os missionários protestantes lecionavam e uma escola de ensino fundamental dirigida por católicos completavam a cidade.

Lee Anderson e sua esposa, Alene, meus hospedeiros e patrões, puseram-me para trabalhar imediatamente. Em 10 de setembro de 1974, fiz a seguinte anotação no meu diário: "Estou trabalhando em Gemena há quase três semanas que parecem meses". Eu estava agradecido, porém, por aprender tanto com o casal Anderson.

Os missionários me apelidaram de "o faz-tudo de Gemena". Uma das minhas tarefas era "fazer tudo" o que alguém me pedisse.

A tarefa mais difícil era lidar com o rádio em ondas curtas — um *link* vital para as emissoras da missão. Desde o assassinato do missionário Paul Carlson em 1960 durante uma violenta rebelião no Congo, a segurança passou a ser uma grande preocupação.

A situação estava tensa, mas pacífica, desde a morte de Carlson; a lembrança ainda perdurava entre os missionários. Eu ligava o rádio todas as manhãs às 6h45 e chamava as emissoras em ordem alfabética. Se tudo estivesse bem, o representante de cada localidade respondia: "Presente". Os missionários checavam três vezes ao dia para saber se seus companheiros estavam vivos.

Outra tarefa minha era acompanhar os embarques de alimentos, gêneros de primeira necessidade e combustíveis. Foi assim que conheci Dapala.

No meu primeiro mês de trabalho, recebemos a notícia de que um grande embarque de combustível chegaria ao vilarejo ribeirinho Akula, localizado a cerca de 150 quilômetros de distância. Dan, um colaborador de curto prazo, trouxe um caminhão de carroceria aberta, cheio de barris vazios de 210 litros. Fomos apresentados a Dapala, um cristão de uma tribo importante conhecida como Ngbaka.

Apenas sete anos mais velho que eu, Dapala tomava conta do alojamento dos rapazes e de outros projetos de manutenção na nossa escola de ensino médio em Gemena. Com esse emprego de tanta responsabilidade, ele conquistou o respeito de sua tribo.

Enquanto seguíamos pela estrada, usamos uma variedade de traduções para nos entender. Dan e eu falávamos inglês, Dan e Dapala falavam lingala; Dapala e eu falávamos francês. Da mesma forma que os membros das outras tribos, Dapala me chamava de "Robér", a pronúncia francesa de "Robert", porque "Rob" não era fácil de ser pronunciado em lingala, ngbaka ou francês.

Depois de sacolejarmos pela trilha que eles chamavam de estrada — uma trilha de terra com muitos sulcos provocados por pneus —, chegamos sãos e salvos a Akula e compramos o maior número de barris de gasolina que havia em estoque. Entretanto, no caminho de volta a Gemena começou a chover e tivemos de parar de rodar nas estradas de terra perigosas e escorregadias da selva. Felizmente, um caçador africano tinha uma cabana bem perto de onde paramos e convidou-nos a entrar a fim de nos protegermos da chuvarada.

Depois de uma hora, a chuva parou de repente, da mesma forma que começou. Um grupo de crianças surgiu não sei de onde, querendo ver os homens brancos. Quando saímos da cabana, a lama estava convidativamente macia. Por estar totalmente encharcado (e sabendo que tinha uma troca de roupas limpas no caminhão), não resisti à vontade de brincar. Desci correndo uma ladeira da estrada e escorreguei na lama, como fazem os jogadores de futebol no gramado. As crianças ngbakas caíram na gargalhada e me aplaudiram. *Crianças são crianças em qualquer lugar!,* pensei, rindo.

Ao perceber a ansiedade das crianças misturada com hesitação, segurei um dos meninos e o levantei no ar. Ele arregalou os olhos, e agarrei-o novamente.

Descemos a ladeira juntos, escorregando na lama. Quando paramos, eu disse em lingala: "Obrigado".

Entusiasmado, ele correu na direção dos amigos, balbuciando algumas palavras em ngbaka. Não entendi o que ele disse, mas, quando voltei a me reunir com o grupo, notei que Dapala estava rindo. Outro menino corajoso deu um passo cauteloso à frente; repeti a brincadeira com ele, com vários outros meninos e com uma menina, todos corajosos o suficiente para brincar com um homem branco.

Quando escorreguei com a última criança, pedi a Dapala que lhes dissesse em ngbaka: "Obrigado. Deus ama vocês".

Eu estava ajoelhado diante daquele pequeno grupo quando Dapala traduziu minhas palavras. A menina se levantou, abraçou-me e olhou fundo nos meus olhos. Em seguida, acariciou meu cabelo, passou o dedo no meu rosto e torceu carinhosamente minha barba. Provavelmente, pela primeira vez na vida, ela estava bem perto de alguém que não tinha pele negra nem marrom; eu não imaginava o que isso significava para aquela menina. Ela me abraçou novamente e depois correu em direção à mata, despedindo-se com um aceno.

Quando chegamos a Gemena tarde da noite, Dapala deixou claro que a experiência ajudara a estabelecer um vínculo com o povo. Ele me deu um aperto de mão prolongado e disse, sorrindo: — Você é um homem branco diferente. Gosto da diferença. Devemos ser amigos.

— Obrigado — eu disse, sorrindo também. — É uma honra ser seu amigo!

A nossa amizade se fortaleceu no decorrer do mês seguinte. Os missionários me haviam advertido sobre o forte racismo em relação aos brancos nas cidades maiores como Gemena, mas, diante das atitudes de Dapala, tive dificuldade de acreditar nisso.

Outro incidente, contudo, mostrou-me que os missionários tinham razão. E provou também que os efeitos da minha infância me seguiram até a África.

Perto do meu alojamento havia um dormitório que abrigava cerca de 30 rapazes das tribos locais. De vez em quando, jogávamos futebol juntos. Quase sempre eles me derrotavam com seus dribles e suas jogadas rápidas, rindo alto quando venciam, aparentemente gostando da experiência de superar o adversário branco. Aquilo não me incomodava; eu gostava do desafio.

Uma tarde, porém, um jogador fez um drible bem na minha frente, tentando a todo custo me fazer de bobo. Mas ele não achou graça nenhuma quando roubei a bola e a chutei para a frente.

Ouvi algumas risadinhas, evidentemente dirigidas ao rapaz que deixei desconcertado. Depois de me lançar um olhar irado, ele se virou para os rapazes que o ridicularizaram e disse alguma coisa. Entendi apenas a última palavra — *mondeli*.

Era o termo lingala para pessoa branca. Os missionários me haviam explicado que o tom usado quando a palavra é proferida muda o significado de uma simples identificação para um insulto racial. Eles também me aconselharam a ser cauteloso — afastar-me de mansinho quando ouvisse o tom que indicava aborrecimento.

Não houve dúvida nenhuma quanto ao tom que o rapaz empregara.

De repente, como se fosse um filme em câmera lenta, fechei a mão com força, tenso. Ouvi o som de zumbido de moscas.[1] Minha cabeça começou a latejar. O "velho eu" levantou-se como um leão camuflado na relva.

Uma voz conhecida que somente eu conseguia ouvir parecia estar rindo de mim, vindo de dentro da mata que cercava o campo de futebol. *Quebre a cara dele! Bata, bata, bata até ele cair sem saber por que, e faça-o sentir dor durante uma semana!*

Não fuja do seu passado. Entre em ação! Já!

---

1 Golding, William. **Lord of the Flies**. Perigee, 1976. p. 136,143-144. [**O senhor das moscas**. Rio de Janeiro: Nova Fronteira, 1977.]

Então, ouvi outra voz calma e intensa: *Não bata nele. Não prejudique o trabalho dos missionários. Ofereça a outra face e afaste-se.*[2]

Você mudou! Prove isso a si mesmo e aos outros!

Antes que minha parte belicosa tivesse tempo de decidir, o rapaz ngbaka que me convidara para jogar deu um salto e colocou-se entre o meu oponente e eu, olhando firme e em silêncio para o valentão.

Sinalizei com a mão para ser substituído, caminhei calmamente até a linha lateral e desculpei-me alguns minutos depois.

De volta ao alojamento, refleti no que havia acontecido.

Não sei se era aquilo que meu mentor missionário quis dizer quando tentou explicar que julgamento é receber o que merecemos, misericórdia é não receber o que merecemos, e graça é receber mais do que merecemos.

Meu "velho eu" esteve pronto para pôr o julgamento em prática. Meu "novo eu" que se transformava lentamente tentou convencer-me de mostrar misericórdia. E a graça apareceu na forma de um rapaz da tribo Ngbaka vindo em meu socorro. *Maravilhosa graça!*, pensei.

Misericórdia e graça eram, aparentemente, as únicas coisas que me ajudariam a fugir do leão da raiva que eu sentia na infância.

Havia, porém, outro problema: aprender a confiar. E Dapala viria a ser meu instrutor nesse assunto.

As aulas começaram em um dia de dezembro de 1974, quatro meses após minha chegada à África. Dapala me cumprimentou com seu costumeiro aperto de mão cordial e fez um pedido: — Robér, fui convidado a acompanhar alguns rapazes adolescentes ao culto do Grande Domingo. Preciso da sua ajuda. A cada três meses, nós, os cristãos africanos da região de Gemena, realizamos um culto especial nos vários vilarejos localizados no interior da mata. Normalmente, o responsável pela escola dirige o caminhão, mas ele me informou que não poderá vir. Não sei dirigir caminhão. Você dirigiria o veículo para mim?

---

[2] V. Mateus 5.39.

Hesitei. Quando Dapala disse "no interior da mata", entendi "perto do fim do mundo". Mas era sempre interessante ver uma pregação na tribo e cantar, portanto concordei.

O trajeto dos primeiros 25 quilômetros foi rápido, com o grupo de rapazes cantando alto na carroceria do caminhão. Logo depois, Dapala indicou que deveríamos sair da estrada de terra principal e seguir por outra um pouco mais larga que uma trilha. Fiz a conversão; Dapala sinalizou que eu parasse.

Um membro da tribo saiu de dentro da mata. Aparentemente o sistema local de comunicação — tambores — avisara sobre a nossa chegada. Dapala saltou do caminhão para conversar com o amigo.

Quando subiu de novo na cabina do caminhão, Dapala tinha nas mãos uma folha grande que o amigo lhe dera. Assim que dei partida no caminhão para seguir pela trilha, Dapala disse que a folha continha um prato nativo muito apreciado e ofereceu-me um pouco da comida.

As defesas do meu "velho eu" puseram-se de prontidão imediatamente.

Você está louco?, perguntei a mim mesmo. *Não confie em ninguém, a não ser em Gigi e Nola.*

Aquele membro da tribo está tentando fazê-lo comer uma coisa estranha. Você não sabe o que é, se foi cozido corretamente. É seguro? E se você ficar doente? Não há jeito de fazer todas essas perguntas a Dapala sem ofendê-lo.

Não coma! Não confie nele! Não é seguro.

Então meu novo "eu" transformado resolveu falar.

O que não é seguro? Ingerir a comida ou confiar nele?

O "velho eu" não soube responder.

O "novo eu" decidiu confiar em Dapala. Sem olhar, estiquei o braço em direção à folha, peguei uma porção da substância misteriosa com o polegar e o indicador, e enfiei na boca.

Depois de mastigar algumas vezes, achei que a comida que parecia ter sido feita de frutas secas era fibra de noz de palma — misturada com formigas gigantes ou cupins fritos.

Continuei a mastigar lentamente e com cuidado. No entanto, por mais que mastigasse, eu precisava constantemente me livrar das antenas e das fibras que se enroscavam nos meus dentes.

Um rapaz na carroceria do caminhão me observava o tempo todo através do vidro traseiro da cabina. Todas as vezes que ele avisava que eu acabara de dar uma mordida, os outros caíam na gargalhada. Dapala ria abertamente, satisfeito pela minha disposição de experimentar aquela guloseima.

A reunião do Grande Domingo atraiu dezenas de membros da tribo, inclusive muitas crianças entusiasmadas. Dapala me apresentou a vários homens acompanhados das respectivas esposas. Depois de uma hora da nossa chegada, o Sol desapareceu e a noite da floresta cobriu o vilarejo com seu manto escuro. Se não fosse o brilho das pequenas fogueiras e a luz tremeluzente de algumas lamparinas, eu não teria conseguido ver minha própria mão diante do rosto.

Depois de conversas e cânticos em ngbaka, chegou a hora do jantar. Antes de a comida ser servida, Dapala perguntou bem alto: — Robér, você gostou do que comeu na estrada hoje à tarde?

— Claro! — respondi. Em seguida, franzi a testa e perguntei: — Dapala, meu amigo, o que foi exatamente que eu comi?

— Você comeu cupim — Dapala disse, rindo. — Daquele tipo que constrói estruturas grandes de terra. Foram fritos em óleo de palma.

— O gosto não era tão ruim — eu disse com um sorriso —, mas as antenas e as pinças ficaram enroscadas nos meus dentes.

O grupo riu e aplaudiu com alegria. Vi que Dapala estava satisfeito comigo, talvez até orgulhoso de mim.

Após o jantar, cantamos até tarde da noite. Finalmente, Dapala sinalizou que era hora de nos recolhermos.

Enquanto Dapala e eu nos afastávamos da fogueira, ele segurou frouxamente minha mão. Se aquilo tivesse acontecido nos Estados Unidos, eu teria ficado assustado — mas não ali. Um missionário me explicou que aquela era a forma de dizer: "Este homem é mais chegado que um irmão para mim. Vale a pena morrer por este homem".

Eu nunca vira um membro da tribo segurando a mão de um *mondeli* em público. Mais tarde, fiquei sabendo que aquilo era extremamente raro.

Enquanto caminhávamos, Dapala disse em voz baixa: — Robér, estes são meus companheiros de tribo, meu povo, meus familiares. Não sou nada sem eles.

Ele me conduziu a uma casa espaçosa com quatro quartos, chão de terra, paredes de barro e telhado de sapé. Deveríamos dormir no mesmo quarto, que tinha uma cama grande feita de bambu com colchão de palha e uma cama pequena também feita de bambu. Dapala insistiu para que eu dormisse na cama maior.

Quando nos sentamos à beira da cama, a única iluminação vinha da minha lanterna. Perguntei em que língua ele queria orar antes de dormir; ele sugeriu que cada um de nós orasse na própria língua.

Segurando minhas mãos, meu amigo orou ao Deus do Universo em uma língua que eu não entendia — a não ser quando ele terminou: "*Jesu Criste*". Orei em uma língua desconhecida para Dapala, exceto quando concluí com "Jesus Cristo".

Ao terminarmos a oração, olhei fundo nos olhos escuros dele e disse em lingala: — Somos de tribos muito diferentes..., mas o mesmo Deus nos entende e nos ama.

Depois de dizer boa-noite, apaguei a lanterna e deitei-me na escuridão da nossa cabana na selva. Eu não precisava de luz para enxergar a verdade: onde quer que eu estivesse, Deus estaria ali comigo e com qualquer outra pessoa — independentemente de cultura, língua, história ou cor da pele.

Uma nova identidade começava a surgir.

Não sou mais um menino do abrigo, pensei. *Pertenço à família global de Deus.*

Eu ainda tinha muitas questões a resolver. Mas, naquela noite, uma pequena parte da cicatriz de minha infância desapareceu.

Em junho de 1975, meu tempo na África chegou ao fim. Foi difícil dizer adeus aos meus hospedeiros missionários e aos amigos ngbakas.

No dia da partida, Dapala e eu não trocamos palavras — apenas um longo e silencioso abraço. Derramei lágrimas de gratidão por sua amizade. Ao me dar conta de que, infelizmente, seria muito improvável vê-lo novamente nesta vida, entrei no caminhão sem olhar para trás.

Oito pessoas, inclusive eu, partiram da missão naquele dia. Passamos várias semanas rodando mais de 3 mil quilômetros pela incrível, temerária e perigosa África até chegar a Nairóbi, no Quênia. Vimos de tudo — desde pigmeus na floresta de Ituri, passando pelos homens portando metralhadoras em Ruanda, pelas terras de Serengeti com seus animais de caça, até a cratera de Ngorongoro. Eu tinha muitas histórias para contar a Gigi quando voltasse para casa.

No entanto, a parte mais importante da viagem foi o desenvolvimento da minha própria história. Viajei à África como um menino de abrigo cheio de dúvidas. Estava voltando com uma disposição maior para confiar — e uma certeza maior de que a minha adoção na família global de Deus não dependia da minha cultura nem do meu passado.

/ 24 /

Perdoar?

ANTES DE VOLTAR À GUILFORD COLLEGE, passei uma semana com Gigi em seu apartamento. Fisicamente mais debilitada, porém com o raciocínio aguçado, ela havia completado 81 anos durante minha ausência. Passamos horas maravilhosas juntos enquanto eu falava sobre a viagem; cada detalhe parecia importante para ela.

Tive também uma rápida entrevista no escritório da Covenant World Missions para prestar contas da viagem. Fiquei atônito quando o diretor me entregou uma devolução da minha conta de despesas.

— É melhor verificar esta conta, senhor — protestei. — Estou recebendo mais do que tinha antes de partir.

— É o que sobrou para você, Rob — ele me garantiu. — Enquanto esteve fora, vários grupos e muitas pessoas contribuíram com muito mais que os 3.500 dólares que você tinha inicialmente. É comum os nossos missionários de curta duração receberem reembolso. Temos visto Deus suprir as necessidades daqueles que respondem a seu chamado. O seu caso não é surpresa para nós.

Quando saí de lá com o cheque, pensei: *Outra forma de graça. Esse Deus em quem confiamos é realmente maravilhoso!*

Logo ficou claro que a confiança não havia sido a única área de mudança na minha vida no ano anterior. Minhas atitudes pedantes e hostis pareciam transformar-se em confiança serena.

Provavelmente a maior prova dessa mudança ocorreu na minha viagem de volta à faculdade, quando parei em Atlanta para visitar tio Arnold. Sabia que ele não gostava de homens barbudos, e eu ainda usava barba comprida. Mantive a barba no ensino médio só para provar minha independência; agora, essa confrontação era desnecessária, portanto raspei a barba.

Foi grande minha surpresa quando o táxi me deixou na entrada da casa de tio Arnold. Ele estava no caminho de acesso à garagem para me receber, algo que nunca fizera. Sem dizer nada, e com lágrimas nos olhos, abraçou-me por longo tempo — era a segunda vez que me abraçava.

De volta à faculdade, decidi especializar-me em serviço social. Por ter conseguido sobreviver, decidi ajudar outras pessoas a sobreviverem também.

Psicologia passou a ser uma das minhas matérias prediletas. Aprendi naquelas aulas que algumas doenças mentais e certos comportamentos antissociais podem ter origem em ressentimentos por ofensas e injustiças — reais ou imaginárias. Os professores ressaltavam a importância de "fazer as pazes com o passado".

Eles, porém, evitavam falar sobre o conceito do perdão. E, de certa forma, eu também.

Eu sabia que não havia feito as pazes com o passado. Aliás, não tinha interesse nisso.

Foi, então, que ouvi a história de Corrie ten Boom.[1]

Corrie, uma holandesa cristã, sua irmã Betsie e o pai foram presos em 1944 por terem escondido judeus para livrá-los das câmaras de gás de Hitler. Betsie e o pai morreram no campo de concentração de Ravensbruck; Corrie sobreviveu e se encontrava nos Estados Unidos fazendo palestras sobre a experiência.

Corrie contou que, em uma igreja na qual ela estava palestrando, um homem se aproximou dela e estendeu a mão. Corrie reconheceu-o

---

1 **O refúgio secreto**. Belo Horizonte: Betânia, 2000.

como um ex-guarda nazista da S.S. de Ravensbruck. Ele estava vigiando a porta quando Corrie e Betsie foram empurradas, sob a mira de uma arma, para a sala dos chuveiros e forçadas a tirar toda a roupa na frente dos soldados alemães que riam delas.

Agora, ele estava pedindo a Corrie que o perdoasse.

Corrie contou que naquele momento ela não sentiu nada, nem sequer a mais leve simpatia ou caridade. "Jesus", ela orou, "não consigo perdoar este homem".

Deus, porém, chamara Corrie a perdoar, e ela obedeceu àquele chamado.

No final da palestra, Corrie lançou uma pergunta de desafio a seus ouvintes, uma pergunta carinhosa, porém muito clara: — A quem você precisa perdoar?

Eu sabia a resposta. Não precisaria de muito esforço para recordar-me da minha pequena lista.

— Lembrem-se da oração que Jesus nos ensinou — Corrie disse. — A resposta de Deus para curar a dor da injustiça é perdoar aqueles que nos ofenderam.

Corrie havia sido chamada a perdoar um homem que representava dor, sofrimento e vergonha. Eu sabia que Deus esperava o mesmo de mim.

No entanto, eu não queria perdoar. Rastejar pela selva entre serpentes venenosas e exércitos de formigas parecia muito mais convidativo.

À medida que os dias passaram, a pergunta de Corrie me voltava à mente a todo instante, provocando-me como se fosse um espinho no pé difícil de ser extirpado: "A quem você precisa perdoar?".

Um dia, finalmente respondi enquanto atravessava o *campus*. *Está bem! Eu sei a quem devo perdoar. Queres ver a minha lista? A minha avó Pauline, o meu pai, a minha mãe. São estes. Respondi à tua pergunta. Estás feliz? Agora deixa-me em paz.*

Eu não sabia se Corrie ficaria satisfeita com minha resposta. Sabia que eu não estava satisfeito e comecei a contar a Deus por quê.

E daí? Se o pessoal do abrigo não tentou fazer a gente perdoar os adultos que jogaram tanto lixo em cima de nós — ou pior, que nos maltrataram fisicamente —, por que eu devo tentar perdoar alguém? Eles não estão me pedindo que eu os perdoe!

E que diferença faz? Pauline morreu, meu pai não é capaz de raciocinar e acho que minha mãe também não. Eles não sabem se os perdoei ou não!

Silêncio.

Continuei a lutar nas semanas seguintes. No último ano na Guilford, a missão de perdoar começou a entrar em sério conflito com os meus estudos.

Certa manhã, durante os momentos de oração naquele outono de 1976, voltei a protestar.

É isso o que devo realmente fazer para deixar o passado para trás e ter a chance de possuir uma família normal e verdadeira, com pai, mãe e filhos?

Acho que não sou capaz de perdoá-los! Até a tentativa parece difícil demais. Tens certeza de que possuo força para perdoar um daqueles três? Não estás levando esse assunto a sério, estás?

De repente, como já havia acontecido, um pensamento que não era meu invadiu minha mente. Dessa vez foi uma única palavra.

Comece!

Deus estaria cansado da minha resistência? Eu não sabia. Mas aprendera que, quando Deus fala, a hora da oração termina; era tempo de pensar e refletir na mensagem.

Começar? Começar por onde?

Eu não tinha a menor ideia dos perigos daquela jornada. E a única pessoa que poderia dar início a ela era... eu mesmo.

/ 25 /
Pauline

Enquanto eu pensava nas três pessoas que me causaram tanto sofrimento, decidi que Pauline seria a mais fácil de ser perdoada.

Ela havia morrido; não derramei nenhuma lágrima.

Agora, tentava saber um pouco mais sobre ela. A conversa com sua filha, tia Alice, não foi adiante. Alice era bondosa, mas não queria falar sobre o passado. Não sei se ela seguia o ditado: "Não mexa em casa de marimbondo" ou o assunto era muito difícil, o fato é que não obtive nenhuma informação.

Meus professores de psicologia me ensinaram a tentar entender os motivos das pessoas, por isso reproduzi e analisei minhas lembranças de Pauline. Pensei em como ela tratava tia Alice, tio Mack, os filhos deles e sua ajuda na casa. Comecei a entender que ela vivia em um mundo diferente.

No mundo de Pauline, seus objetivos pareciam ser tão importantes que todos ao redor dela deveriam exercer suas funções integralmente. Naquele mundo, tudo era maravilhoso — inclusive Pauline. Era como se ela se considerasse exemplo de vida para todas as mulheres.

Apesar desse símbolo de meiguice, sua feminilidade sulina investia constantemente contra as pessoas e as ideias que a deixavam desconfortável. Em geral, ela começava com uma cantilena mais ou menos assim sobre minha mãe, sobre os negros ou judeus: "Digo isso com a melhor das intenções".

Minhas informações sobre a vida daquela mulher eram razoavelmente satisfatórias, mas não consegui obter respostas às perguntas importantes: *Por que ela não permitiu que ninguém de Atlanta me criasse? Por que me negou uma infância normal? Por que eu era um estorvo para ela?*

Eu estava completamente confuso. Todas as minhas perguntas eram muito pessoais. Na infância, eu imaginava que a vida era má por eu ser um menino mau. Mesmo agora, parecia que algo em mim — algo que eu disse ou não disse, que fiz ou não fiz, que fui ou não fui, que aparentei ser ou não aparentei ser — havia melindrado Pauline.

Anos após anos, debati-me com esta pergunta: *O que foi? O que* foi?

Anos após anos, silêncio total.

Continuei a lutar. Lembrei-me de que Pauline me chamava de "querido Robby" e dizia que me amava. Lembrei-me de que ela disse mais de uma vez: "Ah, Robby, estou muito feliz por você estar morando num lugar tão bom como este". Lembrei-me de que ela me enviava 60 dólares por mês para ajudar a pagar minhas contas no abrigo, sempre mencionando "todas as despesas que pago".

Aparentemente, na mente dela, eu vivia em uma ilha paradisíaca — crescendo em uma cabana confortável, cercado de amiguinhos felizes e babás prestativas. O abrigo tinha seus pontos positivos, mas não correspondia a essa fantasia.

Mesmo assim, essas ruminações não respondiam à minha pergunta mais importante: *O que havia em mim para que ela me virasse as costas?*

Certa manhã, depois de muito matutar, tive um pensamento que não era meu e que nunca me ocorrera.

Nada.

Eu estava tornando-me um especialista em protestar. *O que queres dizer com "Nada"? Não estamos falando de uma palavra mal escolhida nem de um cartão de aniversário esquecido! Estamos falando da minha infância inteira!*

Silêncio. Aparentemente Deus queria que eu descobrisse isso sozinho.

Continuei confuso — até um amigo da faculdade me contar uma história.

Ele havia saído um sábado à noite com uma nova garota por quem era loucamente apaixonado. Depois de deixá-la em casa, seguiu para a casa dele, dirigindo o carro de seu pai. Enquanto pensava no beijo maravilhoso de despedida que a garota lhe dera, ele não viu uma curva e bateu com o carro em um poste de telefone.

Felizmente, ele não se machucou. Mas o carro sofreu muitas avarias.

— Senti-me péssimo e idiota — ele me contou. — Meu pai ficou furioso. Cheirou minha boca para saber se eu havia bebido e farejou minha camisa para saber se eu havia fumado maconha. Chegou a pedir aos policiais que fizessem o teste do bafômetro. Foi constrangedor, embora eu não tivesse feito nada daquilo. Meu pai gritou a noite inteira: "Como você pôde fazer isso comigo?".

— E o que você disse? — perguntei.

— Fiquei calado por algum tempo. Eu amo meu pai e o conheço muito bem. Ele precisava desabafar. Depois do culto, na hora do almoço, ele voltou a dizer aquilo, mas dessa vez com menos raiva. Eu repliquei simplesmente: "Não foi nada pessoal, pai. Não teve nada que ver com o senhor. Estava sonhando acordado e fiz uma bobagem, uma grande bobagem, mas não foi para magoar o senhor. Eu é que fui idiota e desatento. Não teve nada que ver com o senhor".

Depois que a conversa terminou, saí para um longo passeio.

Às vezes tens uma forma estranha de se comunicar, Deus. Muito estranha!

Sabia que Deus não causara o acidente com meu amigo para ensinar-me uma lição, mas eu estava aprendendo uma coisa. Será que as atitudes de Pauline não tinham nada que ver comigo? Será que o fato de ela ter-me forçado a crescer em um abrigo em vez de ser criado por meus tios-avós ricos não era nada pessoal?

Talvez ela não quisesse que minha mãe me visitasse em Atlanta, ou pior, que se mudasse para lá. Talvez Pauline quisesse evitar situações desagradáveis, fingindo que não existiam.

Será que ela nunca imaginou que estava sendo mesquinha comigo? Afinal, Pauline pensava que eu vivia no maravilhoso mundo da fantasia que ela criara para mim. Ou, então, talvez estivesse centrada demais em si mesma a ponto de não pensar que eu poderia ser prejudicado.

Eu sabia que os efeitos de Pauline sobre mim continuariam. Mas ela estava morta e não podia fazer nada. Eu precisava considerar que o que ela havia feito no passado não tinha nada que ver com o que eu era agora.

Se e quando aquelas vozes interiores tentassem dizer que a rejeição de Pauline era pessoal, eu poderia retrucar que o caso dela era semelhante ao do meu amigo da faculdade. Da mesma forma que o acidente com ele não acontecera para agredir o pai, as atitudes de Pauline não foram dirigidas a mim. Passei anos pensando no que havia feito de errado, e talvez eu não tivesse nada que ver com isso.

Não houve alegria naquela descoberta, mas foi um passo à frente na estrada do perdão. Depois de me debater com o assunto por semanas, cheguei à conclusão de que poderia orar de maneira sincera e franca sobre ele.

Deus, Pauline me magoou muito, mas não creio que ela tivesse essa intenção. Creio que ela apenas queria tornar a vida mais fácil. Ela era egoísta, e em todo o seu egoísmo magoou muitas pessoas, não apenas a mim. Embora ela nunca saiba disso, eu a perdoo. Se minha indignação contra ela voltar, peço que me ajudes a perdoá-la novamente.

Deus respondeu àquela oração. Ele ajudou a me esquecer da raiva que sentia de Pauline e atirou-a bem longe, "como o Oriente está longe do Ocidente".[1]

Um caso resolvido, dois pendentes.

Foi difícil perdoar Pauline, mas fiquei surpreso ao descobrir que não foi impossível.

Perdoar meu pai seria muito mais difícil.

---

[1] Salmos 103.12. [N. do R.]

/ 26 /

Pai

Assim que comecei a procurar entender meu pai, a primeira coisa que me veio à mente foi a história contada por Gigi sobre os móveis do casamento. Aparentemente, a história ilustrava a batalha que meu pai devia ter enfrentado para conseguir sobreviver.

A casa é o castelo do homem, mas, em geral, a decoração é a alegria da esposa. No entanto, isso não parecia verdade no mundo de Pauline. A uma distância de mais de 1.500 quilômetros, ela planejou algo que, de sua perspectiva, era um maravilhoso presente de casamento. Sem discutir o assunto com o filho ou com a nora, Pauline contratou uma empresa de mudança para retirar e substituir os móveis do apartamento dos recém-casados.

Os móveis comprados eram caros — novinhos em folha e feitos de mogno. E também completos — sofá, cadeira, luminária, abajur de pé, mesa de jantar, mesa de café, cômoda, guarda-roupa, espelho grande, escrivaninha e cama *king size*.

Tentei imaginar a expressão no rosto do meu pai quando ele abriu a porta e entrou no apartamento com a noiva no colo. A mobília que compraram desaparecera. Seu novo e aconchegante lar se transformara em uma mansão verdadeiramente sulina, criada por outra mulher.

Não foi difícil imaginar a raiva que minha mãe sentiu. Anos depois, ela ainda esbravejava todas as vezes que dizia: "Seu pai foi um fraco e idiota. Nunca enfrentou aquela mulher dissimulada!".

Eu não tinha muita dificuldade de entender o dilema do meu pai. Ele estava preso no meio de duas mulheres de personalidade forte.

Com base no que Gigi e minha mãe me contaram a respeito do meu pai, ele detestava confrontos. Acho que aprendeu desde pequeno que curvar-se à vontade de Pauline era o caminho mais fácil a seguir. E depois ainda teve de aprender a lidar com a raiva descontrolada da minha mãe.

Talvez ele tivesse tentado acalmar minha mãe, explicando que os móveis custavam muito mais do que eles podiam pagar e seria melhor ficar com eles. Para ela, não fazia diferença, é claro, mesmo que tivessem custado 1 milhão de dólares. Sua raiva era contra "a interferência arrogante daquela mulher na nossa vida".

Portanto, lá estava ele, preso entre uma esposa irada e uma mãe "prestativa". Penso que as duas se pareciam com as harpias torturantes sobre as quais li no *Inferno* de Dante;[1] meu pai não conseguiu encontrar uma forma de livrar-se das garras e das constantes bicadas das duas mulheres.

Quando tentei descobrir algo sobre o emprego do meu pai no ramo da propaganda, cheguei a um beco sem saída. Gigi não conhecia ninguém que tivesse trabalhado com ele, e tia Alice não se lembrava de nenhum de seus ex-amigos de Atlanta. Eu, porém, sabia que a propaganda era uma área muito competitiva e de grande pressão; provavelmente ele trabalhava sob estresse diário.

Meu nascimento e as mudanças de humor da minha mãe devem ter exercido pressão extra sobre ele.

— Seu pai me ligou várias vezes, muito nervoso, depois de ter chegado ao apartamento deles e encontrado você sozinho — Gigi me contou. — Você estava no berço, com as fraldas sujas, chorando de fome. Sua mãe havia saído sem deixar nenhum bilhete informando aonde tinha ido.

---

[1] Dante é transportado a um lugar ao qual ele se refere como o Segundo Anel do Sétimo Círculo do Inferno, reservado àqueles que cometeram violência contra si mesmos. Lá, eles são constantemente atormentados por harpias.

— Em algumas dessas vezes — Gigi prosseguiu —, Joyce não voltava para casa na mesma noite. E, quanto voltava, não dizia onde estivera nem tentava justificar-se por ter deixado você sozinho. Agia como se não tivesse feito nada de errado e esbravejava quando o coitado do seu pai a interrogava. E, assim, ele desistiu de brigar. Era estranho, mas parecia que, quanto menos seu pai exigia explicações, menos ela o respeitava. Na mente dela, o príncipe se transformara em sapo.

A imparcialidade de Gigi me surpreendia. Ela suavizava a história, complementando: "Sempre achei que o coitado do Robert apelou para o álcool a fim de aliviar o estresse. Quando a situação em casa piorou e o casamento foi por água abaixo, ele passou a beber mais. O álcool deve ter contribuído para o conflito e a dificuldade na vida do seu pai, e ele não queria que ninguém no trabalho soubesse disso. Mas aí sua mãe começou a beber muito e a tomar uns comprimidos esquisitos. A situação era terrível, Robby, e eu não podia fazer nada para impedir".

Eu não considerava meu pai um "coitado", embora sentisse pena dele. Mas ele poderia ter feito outras escolhas.

Logo depois, deparei com outra pergunta difícil. Por que meu pai abandonou a esposa e o filho e voltou para a mãe manipuladora e dominadora? Se tivesse ido embora de Chicago e me levado com ele, eu teria entendido.

E por que me deixou com minha mãe se sabia que ela não cuidava bem de mim?

Eu não conseguia encontrar respostas para essas perguntas.

Quanto à tentativa de suicídio do meu pai, aprendi algumas coisas sobre o assunto quando, no ensino médio, trabalhei como voluntário no programa de apoio emocional por telefone. Aprendi que as pessoas que tentam cometer suicídio quase sempre mencionam um desespero irreprimível. Algumas sentem que estão mergulhando no poço do desespero, do fracasso e da falta de valor. Muitas têm a sensação sufocante de não serem amadas, de não serem desejadas.

Essa escuridão é capaz de subjugar a vítima, afastando-a da racionalidade e do espírito de autopreservação. A maioria dos seres humanos grita por socorro quando está em perigo, mas esse grito nem sempre irrompe na mente e no coração da pessoa com tendência suicida.

Foi doloroso tentar entender a escuridão que deve ter envolvido meu pai. Mas eu não tinha resposta à pergunta que me perseguia constantemente: *Por que você me abandonou?*

Com o tempo, uma luz difusa começou a aparecer no horizonte.

Será que, como Pauline, as escolhas do meu pai não tiveram nada que ver comigo?

Se meu pai pudesse ter uma conversa normal agora, o que diria? Talvez dissesse algo mais ou menos assim: "Filho, as nuvens do desespero começaram a se fechar acima de mim. Tudo o que me restou foi o desejo de sobreviver, de proteger minha existência física e emocional. A depressão era tão intensa que sufocou meu raciocínio, e eu simplesmente não conseguia pensar em ninguém mais".

Talvez meu pai me tenha deixado emocionalmente muito tempo antes de partir de Chicago. Quando sua carreira e o casamento desmoronaram, ele deve ter-se sentido um fracasso. A tristeza deve ter aumentado muito mais diante da ideia de admitir esses problemas à mãe dele.

Eu quase podia ouvir a reação de Pauline quando ele reconheceu a situação deplorável em que sua vida se encontrava: "Eu sempre tive as melhores intenções com você, Robert, quando sugeri que você não deveria casar com Joyce. Se você tivesse me ouvido, não estaria nesta situação".

Eu não sabia ao certo, mas desconfiava que meu pai nunca havia procurado ajuda. Se o fez, o conselho não surtiu efeito. Também não sei por que ele escolheu a casa de Pauline para sua última demonstração de sofrimento. Talvez ele estivesse gritando, na esperança de que alguém o ouvisse. Talvez, conscientemente ou não, ele quisesse atingir sua mãe no lugar que mais a magoaria, constrangendo-a socialmente.

Não sabia também por que meu pai não aprendera a lidar com as pressões nem tentara pô-las em perspectiva. Ele poderia ter encontrado um emprego menos estressante e buscado aconselhamento conjugal. Poderia ter consultado um médico ou um psicólogo. Poderia ter pedido à irmã, Alice, ou à sogra, Gigi, que me criasse enquanto ele buscava ajuda para si e para a esposa.

Mais uma vez eu estava atordoado. Queria entender aquele homem para conseguir perdoá-lo de verdade. Comecei a conjeturar: valeria a pena ir ao hospital de doentes mentais e finalmente conhecer aquele estranho que tanto prejudicou minha vida?

Durante uma visita a Atlanta, conversei sobre o assunto com tio Arnold.

— Por amor a seu avô Mitchell — ele disse —,visito seu pai todos os meses. Mas você precisa entender que, se você for visitá-lo, ele não o reconhecerá. Tenho conversado com os médicos do hospital e perguntei se seria recomendável levar você comigo. Eles disseram que seu pai não sabe quem você é, e poderá ter uma reação violenta. Não por sua causa, mas porque você representa o fracasso dele na vida.

— Rob, você me contou que não se lembra de nada do seu pai. O que ganhará se a única lembrança for a de um homem que anda, mas não consegue vestir-se, de um homem que não é capaz de completar uma frase, de um homem que usa fraldas porque não consegue controlar a bexiga? Vou fazer o que você quiser, rapaz. Levarei você lá, se insistir, mas por que ficar com essa imagem na mente?

Pensei muito no conselho de tio Arnold. Por fim, concordei que não ter nenhuma imagem mental do meu pai seria melhor que ter aquela lembrança.

Quando conversei com Deus sobre o assunto, a frustração veio à tona. *Então, queres que eu perdoe a um homem que não conheço, não entendo e nunca encontrarei de verdade? Podes dar-me algum esclarecimento antes?*

Após mais alguns dias de luta, cheguei à mesma conclusão que tive a respeito de Pauline: a decisão do meu pai de ir embora e tentar dar cabo da vida não teve nada que ver comigo.

E eu disse a Deus: *Mesmo que eu aceite essa explicação, ela não me ajudará em nada. O pai deve amar o filho. O pai deve sempre transmitir força à família. Deve ser um protetor, um defensor e um exemplo de vida. Deve ensinar os filhos homens a barbear-se, a trabalhar duro, a entender as mulheres. Por que ele foi embora?*

Eu sabia que milhões de pessoas poderiam dizer a mesma coisa a respeito do pai. Não havia nenhuma consolação naquele fato.

Minha batalha interior tomou um rumo inesperado quando eu estava trabalhando com um grupo de moças e rapazes que queriam ser salva-vidas.

Assim que todos entraram na piscina funda, expliquei: — Se a vítima não parar de se debater, respire fundo, mergulhe na água e agarre as duas pernas dela com uma das mãos. Vire-a de costas e levante o corpo dela com firmeza.

— Isso serve para controlar a vítima — prossegui —, e ela sente que alguém a está segurando. Quando a situação estiver sob controle, volte à superfície, continuando a segurá-la com firmeza. Coloque o braço direito acima do ombro direito da vítima e passe-o ao redor do peito dela, prendendo sua mão sobre a axila esquerda dela. Em geral, isso acalma instantaneamente a maioria das vítimas em pânico.

Fiz a demonstração com um aluno e depois deixei que todos fizessem o mesmo. — Agora vem a parte mais difícil — avisei. — Nem todas as vítimas agem de modo passivo, e eu também não serei passivo. Façam uma tentativa de me controlar, e depois vamos repetir a experiência.

Enquanto eles tentavam salvar-me, dei chutes para todos os lados, debati-me, subi na cabeça deles e segurei-os debaixo d'água. Depois de tudo isso, as moças e os rapazes, exaustos e perplexos, olharam para mim como se eu fosse louco.

— Você quase me matou! — disse um deles, ofegante.

— Achei que estava ali para salvar você! — outro disse em tom de provocação.

— Pensei que fosse morrer — reclamou um terceiro.

Expliquei que era assim que agiam as vítimas em pânico. — Nessa hora, elas não conseguem raciocinar que alguém está tentando salvá-las.

— Mas, Rob — um aluno protestou —, nós dois poderíamos ter morrido afogados!

Aquela era minha deixa, claro. — Nunca, nunca se esqueçam da regra — eu disse. — É melhor que uma pessoa se afogue do que duas. — E complementei: — Não se pode salvar alguém que não queira ser salvo.

Mais tarde, enquanto tomava uma ducha no vestiário, percebi que aquela realidade se aplicava a mim.

Talvez meu pai tenha se afastado de mim enquanto tentava salvar a si mesmo. Talvez tenha decidido que, se não pudesse salvar-se, também não seria capaz de me salvar. Talvez esperasse que o rio da vida fosse generoso com seu filhinho, conduzindo-me a uma praia tranquila.

Eu lastimava as decisões do meu pai e o fato de ele parecer tão fraco. Sabia, porém, que meu sofrimento não mudaria o passado. Se eu quisesse seguir em frente, teria de perdoar sinceramente aquele homem que não tinha capacidade mental para entender o que isso significava.

Sob a água quente do chuveiro, agradeci aquela viagem de ônibus quando o Criador do Universo deixou claro que queria adotar-me. Sentindo-me como se estivesse embaixo de uma chuva restauradora, abri mão do ressentimento contra meu pai. Parecia que parte da "sujeira" da minha infância estava escoando pelo ralo.

Inspirei fundo e exalei o ar com um lento suspiro de alívio.

Dois casos resolvidos, um pendente.

Perdoar minha mãe seria a tarefa mais difícil de todas.

/ 27 /

Mãe

Tentar entender minha mãe era o mesmo que mergulhar no caos à procura de uma pintura de Salvador Dali envolta em um pesadelo kafkiano.

Às vezes, parecia possível entender a essência da qual ela era feita. Em outras ocasiões, uma lembrança desagradável surgia, e aquela essência ia por água abaixo, deixando-me com a sensação de que teria de começar tudo de novo.

Como posso perdoar a mulher que simboliza tudo o que aconteceu de errado na minha infância e que agora não passa tempo suficiente comigo para eu conhecê-la?

Na infância, eu vivia confuso em relação ao comportamento da minha mãe, sem saber agir quando estava perto dela. Na juventude, aprendi que a sociedade e a Bíblia diziam que eu devia respeitar meus pais. *Mas como respeitar uma mãe que me raptou, que me impedia de ver Gigi, e que apareceu cambaleando de bêbada na minha formatura do ensino médio?*

Eu me lembrava de uma vez em que minha mãe passou por um curto período de estabilidade. Naquele verão, Gigi e eu fomos ao centro da cidade para almoçar com ela. Elegante e trajando roupas da moda, minha mãe estava linda. Na saída do edifício onde ela trabalhava, todos os homens lhe dirigiam o olhar. Um brilho de orgulho e esperança despontou no meu coração.

Infelizmente, aquela estabilidade derreteu como um boneco de neve sob o sol da primavera. Minha mãe foi parar em outra instituição — e, mais tarde, nas ruas.

As sessões adicionais de eletrochoque e os numerosos medicamentos não melhoraram sua condição. Depois de receber alta, começou a abusar de bebidas alcoólicas e se recusava a tomar os medicamentos prescritos.

Quando cheguei à adolescência, os conselheiros do abrigo me encorajaram a ter compaixão da minha mãe, porque suas ações eram fruto de uma doença mental. Contudo, após tantos anos de turbulência, era exaustivo demais sentir compaixão por ela.

A decisão da minha mãe de colocar-me no abrigo foi a maior pedra de tropeço para o perdão — principalmente porque fiquei sabendo que havia outra opção. Aparentemente, o capelão de um hospital tentara convencê-la a pedir a Gigi que cuidasse de mim enquanto ela se recuperava. Mas minha mãe não quis ouvi-lo, declarando que Gigi era uma dama da "alta sociedade" que não desejava ser importunada com minha presença.

Por mais que eu tentasse, não conseguia entender a escolha cruel e odiosa da minha mãe.

Naqueles tempos, eu relutava em vê-la. Ela havia sido internada em outra casa de recuperação no verão anterior, perto do prédio sombrio de apartamentos onde havíamos sido apreendidos mais de dez anos antes. De vez em quando, eu me forçava a visitá-la — rapidamente — a pedido de Gigi.

Na casa de recuperação, a recepcionista atendia os visitantes por trás de um vidro à prova de balas, só permitindo a entrada depois de rigorosa identificação. Minha mãe detestava aquele procedimento. "Tenho mais de 50 anos, e eles me tratam como criança", ela resmungava. "O pessoal daqui parece estar tomando conta de um zoológico. É claro que acham que nenhum de nós tem condições de viver por conta própria. Essas regrinhas bobas me deixam louca."

No quarto dela só cabiam uma cama de solteiro pequena, um guarda-roupa e uma cadeira. Os funcionários a obrigavam a arrumar a cama todos os dias antes do café da manhã e, depois, a completar a lista de tarefas diárias. Ela ganhava pontos por tudo o que fazia em um sistema que a recompensava com dinheiro extra para gastar. Eu imaginava que o lugar fosse bom para ela; pelo menos proporcionava abrigo dos maus-tratos que ela sofreria nas ruas.

Sentávamos por algumas horas em um pequeno restaurante na vizinhança e dividíamos a comida. Ela contava as moedinhas para pagar a conta, portanto eu sempre pedia o mínimo e só tomava água.

Às vezes, minha mãe parecia coerente, mas logo a seguir a conversa se tornava bizarra. Ela mencionava não ter teto nem comida; dizia que era surrada e roubada. Não sei se ela se prostituía para viver; ela nunca disse, e eu nunca perguntei.

De vez em quando, ela torcia seu limitado conhecimento da Bíblia e o transformava em profecias pessoais. Um dia, ela conversou comigo sobre minha futura esposa. "Oro todos os dias para que você encontre a mulher certa, Robby. Quero que você a traga aqui e me apresente. Não cometa nenhuma tolice enquanto eu não disser que ela tem condições de ser sua esposa."

Ah, pois sim!, pensei. *É a última coisa que vou fazer.*

Uma noite, ao tentar entendê-la, lembrei-me da estação chuvosa na África. As nuvens negras pareciam estar perto do chão; os relâmpagos eram frequentes e assustadores. O chão sob a cabana tremia, fazendo-me sentir vontade de correr para um lugar seguro.

Gostaria de saber se minha mãe estava sempre no meio de uma tempestade, mentalmente falando. Nunca conheci o diagnóstico oficial. Paranoia? Esquizofrenia? Síndrome maníaco-depressiva? Tudo isso e algo mais? Fosse qual fosse o nome, tratava-se de um pesadelo de depressão, bebedeira, amargura, raiva e confusão.

Eu me dividia entre sentir pena e ficar furioso com relação à minha progenitora. Uma coisa, porém, nunca mudou: eu não a queria na minha vida! O mero pensamento de ter de lidar com ela me revolvia o estômago.

Ela vai querer ir ao meu casamento. Como vou lidar com isso? O que farei para que ela não saiba? Se ela descobrir que não foi convidada, sua atitude será imprevisível. Quem sabe que tipo de comentários ela fará com minha esposa se chegar a conhecê-la?

Eu me lembrava, no entanto, de que minha mãe tinha pouquíssimo dinheiro. Seu único meio de transporte a Greensboro era a carona — o que seria difícil conseguir naquela altura da vida.

Mesmo assim, as preocupações continuavam. *Se eu me casasse, ela seria capaz de aparecer com um plano absurdo e anunciar: "Bom, já que sou sua mãe, por que não posso morar com vocês para que tomem conta de mim?".*

Se eu realmente a perdoasse, como lidaria com essa questão?

E quando os filhos chegassem? Teria de escondê-los da avó mentalmente enferma? Teria de contar-lhes que ela é desequilibrada e vive em uma casa de recuperação? Eles não deveriam vê-la nem ter contato com ela!

Minha mãe não era uma pessoa má; eu sabia que ela era doente. Às vezes, sentia dó dela por viver presa a problemas para os quais parecia não haver nenhuma esperança de libertação. Em outras ocasiões, eu me lembrava de todo o sofrimento que ela me infligira, e a compaixão se transformava em raiva.

Lutei muito enquanto tentava perdoar Pauline e meu pai, mas o esforço para entender minha mãe foi muito pior. Eu não conseguia penetrar no caos do coração, da alma e da mente de Joyce Mitchell. O máximo que podia fazer era vê-la como uma vítima que às vezes lutava para vencer sua escuridão mental, mas era arrastada de volta.

Aquilo seria suficiente? O quinto dos Dez Mandamentos, "Honra teu pai e tua mãe",[1] continuava a incomodar-me. *Como posso fazer isso?*,

---

1 Êxodo 20.12.

eu protestava. *Como posso honrar alguém que não fez nada para merecer tal honra?*

Depois de horas incontáveis de luta com esses pensamentos, cheguei a uma difícil conclusão. De certo modo, Joyce Mitchell abrira mão do direito de ser minha mãe.

Ela me dera vida. Mas a tarefa não parava por aí. As mães devem amar os filhos e cuidar deles, e na minha mente ela não havia feito nada disso.

Finalmente decidi que, para honrar a mulher que me dera à luz, eu precisava perdoá-la. Chegara o momento de parar de guardar ressentimentos, de dar um passo à frente sem julgar se ela sempre fora responsável por suas ações.

No entanto, decidir perdoar e perdoar de verdade não eram a mesma coisa. Pela lógica, eu sabia que o perdão era um passo vital em direção à minha cura. Pela emoção, contudo, não podia forçar meu coração a perdoar, por mais que tentasse.

Como, Deus?, orei. *Como posso perdoar essa pessoa que tanto me magoou, me constrangeu, me maltratou?*

Eu já conhecia aquele silêncio.

A batalha chegou ao auge em um domingo à tarde. Eu sofria de úlcera e estava tomando grandes doses de antiácido diretamente do frasco. Naquele dia a úlcera se manifestou de forma violenta, enquanto o frasco se esvaziava.

Fui à farmácia perto do *campus*. Fechada! Com a mão sobre o estômago, voltei rápido para o alojamento.

Era fim de semana, e meu companheiro de quarto havia viajado. Sentado na beirada da cama, com o corpo curvado e achando que a morte me livraria do sofrimento, estiquei o braço e peguei a Bíblia. *Por favor, ajuda-me,* orei.

Abri a Bíblia. E li: "Lancem sobre ele toda a sua ansiedade, porque ele tem cuidado de vocês".[2]

---

[2] 1Pedro 5.7.

Eu já havia lido aquelas palavras, mas elas pareciam ter sido enviadas especialmente para atender às necessidades daquele momento. Ajoelhei-me lentamente e me rendi a Deus.

Eu me entrego a ti, Deus. E te entrego tudo. A ansiedade, a mágoa, o sofrimento. Ainda não consigo perdoar minha mãe, mas entrego a ti a raiva que sinto dela. Leva-a embora. Por favor! Leva-a embora.

Continuei ajoelhado por um tempo que pareceu uma eternidade. Finalmente encontrei forças para levantar-me e sentar novamente na beirada da cama.

Menos de uma hora depois, a dor começou a desaparecer; dormi profundamente. Quando a segunda-feira amanheceu, eu não sentia mais dor. Duas semanas depois ficou claro que a úlcera desaparecera. Desapareceram também a ansiedade, a mágoa e a raiva que eu guardava dentro de mim.

Cerca de três semanas depois daquele domingo, perguntei a mim mesmo: *Você está pronto, Rob? Está pronto para perdoar sua mãe?*

Apesar das agulhadas da ansiedade e da reviravolta no estômago, entendi que Deus me mostrara que nada era impossível para ele. Portanto, orei alto: *Não quero que isso seja uma mentira. Não quero enganar a mim mesmo. Não quero apresentar-me diante de ti e pedir-te que me ajudes a perdoar minha mãe, se eu não estiver sendo realmente sincero.*

Pedi a Deus que me desse uma sensação de paz para eu saber se estava pronto a perdoar. Na semana seguinte, a calma tomou conta do meu coração e da minha mente.[3] Eu sabia que a hora havia chegado.

Aos 22 anos, ajoelhei-me e finalmente pedi a Deus que me ajudasse a perdoar minha mãe.

Fazia três meses que eu havia começado a tentar perdoar Pauline e os meus pais. A jornada talvez não tivesse chegado ao fim, mas eu sabia

---

[3] V. Filipenses 4.7.

que minhas feridas parariam de inflamar. Com o tempo seriam curadas, mesmo que as cicatrizes permanecessem.

Senti plena liberdade por ter decidido não ser uma vítima paralisada por traumas da infância — como se correntes pesadas tivessem sido retiradas das minhas pernas.[4] Estava livre para seguir o curso que o rio da vida me levasse.

Eu sabia aonde aquele rio me levaria. Nunca desistira da busca por uma família verdadeira.

Aquilo só poderia acontecer com a ajuda de uma esposa que enxergasse além do meu passado — se eu conseguisse encontrá-la.

---

4 V. Gálatas 5.1.

/ 28 /

Os meninos perdidos

Não havia nenhuma candidata à posição de sra. Robert Mitchell no horizonte. Aquela parte da busca por uma família teria de esperar. Mas, à medida que meu último ano na faculdade avançava, tive a chance de descobrir se era capaz de me relacionar bem com crianças.

Aquelas, porém, não eram apenas crianças. Eram crianças rejeitadas.

Já trabalhara como líder de um grupo de jovens durante meu primeiro ano em uma igreja perto da faculdade. Agora, eu me inscrevera como voluntário no Nat Green Home para lidar com meninos problemáticos fora de Greensboro, sentindo que poderia ser útil. Logo fui convidado para liderar uma mescla de estudo bíblico com discussão em grupo nas segundas-feiras à noite.

Aquele abrigo tinha vários cuidadores e oito adolescentes marcados pela vida. Os "internos" eram iguais aos meninos com os quais eu crescera; seus problemas também eram muito conhecidos.

Não demorou muito para eles começarem a me afrontar.

— Quem você pensa que é? — disse com raiva um menino durão de 12 anos, frente a frente comigo, encarando-me. — Acho que você nem sabe de onde viemos!

Agarrei-o pela camisa, levantei-o do chão com uma das mãos e pressionei-o contra a parede. Enquanto seus pés balançavam e ele olhava para mim com os olhos esbugalhados, eu disse com muita calma: —Você não tem a mínima ideia de onde eu vim. Agora sente-se e ouça.

O menino arregalou os olhos quando o joguei em uma cadeira. Os outros permaneceram em silêncio, estarrecidos ao ver a atitude do novo líder.

— Agora vejo que todos estão prestando atenção... — eu disse. — Vocês têm todos os motivos para acreditar que nenhum adulto é capaz de entender a sua situação. E provavelmente estão certos. A maioria não sente pena de vocês, mas eles não entendem porque nunca sofreram o que vocês sofreram.

— Eu entendo — prossegui. — Já estive na mesma situação. Fui abandonado aos 3 anos de idade e jogado num abrigo. Passei catorze anos da minha vida lá. Aos 17 anos, eles me deram uma passagem de ônibus só de ida, para eu me virar. E é o que estou fazendo desde então.

Vi oito pares de olhos arregalados. Ninguém disse nada.

— Acreditem em mim — complementei. — Eu entendo vocês!

Após o choque inicial, o grupo me crivou de perguntas.

— Onde você morava?

— Em Illinois.

—Você só tinha 3 anos?

— Sim.

— O que aconteceu?

— Meu pai nos abandonou, pôs uma arma na cabeça e puxou o gatilho.

— O meu foi morto numa briga de drogados! Seu pai se matou?

— Não, mas ficou com problemas no cérebro. E permanecerá num hospital de doenças mentais até morrer.

— Meu vai ficar preso por mais dez anos. Eu o vejo algumas vezes. Ele não liga para mim. Você já foi visitar seu pai?

— Não, não fui. Ele não sabe quem eu sou.

— E a sua mãe? Onde ela está?

— Anda pelas ruas de Chicago, vive em asilos e em casas de recuperação.

— A minha é bêbada.

— A sua avó cuidou de você?

— Mais ou menos. Ela é maravilhosa, mas é pobre e velha. Mora em Chicago.

— Minha avó toma conta de mim, mas não quando me meto em encrenca. Aí ela me manda para um lugar como este. Aqui é melhor que a maioria dos lugares onde estive. Você tem irmãos e irmãs?

— Não, sou só eu.

— Meu irmão morreu. Minhas irmãs casaram e têm filhos.

Embora nenhum deles revelasse as dimensões totais de sua história, todos queriam detalhes sobre a minha. Respondi a cada pergunta sem pressionar para receber informações. Eu sabia que dentro de pouco tempo eles passariam a confiar em mim.

Depois de algumas semanas os meninos se soltaram, reconhecendo que eu era um deles. Conversamos sobre o que eu sentia na idade deles e como lidava com a solidão, a raiva e as lutas pessoais. Eles pareciam desesperados por aconselhamento.

Eu sempre evitara falar sobre minha infância com pessoas "normais"; parecia estranho. Mas, naquele lugar, não havia problema.

Para aqueles meninos, o fato de ver alguém que passara catorze anos no "sistema", e conseguira sair vivo, não estava preso e cursava o último ano da faculdade, parecia oferecer a esperança de que eles talvez pudessem fazer o mesmo. Comecei a pensar que minha história poderia ajudar outros que se sentiam abandonados, desprezados, sozinhos, rejeitados, irados e anormais. Durante o meu ano como voluntário, muitos meninos se converteram e prometeram mudar de vida e tomar um rumo positivo.

Sem que eu percebesse, aproximava-se um marco na minha vida. Tratava-se de um evento que cheguei a duvidar que ocorresse.

Eu estava prestes a receber o diploma universitário.

Havia pensado que nunca me matricularia na faculdade. Muitos adultos no abrigo contaram que, até onde sabiam, somente dois outros meninos do abrigo se haviam graduado em vinte anos — talvez mais.

Quanto a mim, o diploma não era somente meu. Era dedicado a Gigi, que sempre acreditou em mim, e aos meninos e meninas do abrigo que precisavam saber que garotos como nós também podiam receber diploma.

A graduação ocorreu em um lindo dia da primavera de 1977. Com o diploma na mão, senti ondas de emoções tomando conta de mim. Não pude conter lágrimas silenciosas.

Não estava chorando por mim, mas por todas as crianças rejeitadas que haviam conseguido essa façanha — e por aquelas que ainda tinham chance de conseguir.

Deus, orei, *ajuda-me a encorajar outras pessoas que lutam com feridas do passado.*

Eu não sabia como aquilo poderia acontecer. Na verdade, não tinha ideia do que o futuro reservava. Estava interessado em estudar no seminário, mas não possuía dinheiro suficiente. Esperava, contudo, fazer uma viagem pelo país — uma espécie de safári americano.

Para ganhar dinheiro para a viagem, arrumei emprego em uma fábrica de papéis. Aluguei um quarto barato de uma viúva que morava na periferia da cidade. A fábrica ficava a uns 25 quilômetros do lugar onde eu morava; em dias de tempo bom, eu fazia o percurso de 50 quilômetros de bicicleta para economizar gasolina. Meus colegas me achavam um louco.

Eu me sentia muito melhor que na infância. No entanto, questionava se estava fazendo tantas coisas — trabalhando com o grupo de juventude da igreja e com os meninos no Nat Green Home — para provar a mim e ao mundo que eu não era mais um menino de abrigo.

Mal sabia que em breve conheceria alguém que talvez fosse capaz de ajudar-me a encontrar o que sempre quis — se eu não deixasse a oportunidade escapar.

/ 29 /

Procurando Susan

Alguns meses após a formatura, meu amigo David convidou-me a retornar ao *campus* para visitar o grupo de estudo bíblico que eu dirigira nos últimos dois anos. A neve, rara em outubro, quase me impediu de ir, mas fui assim mesmo, tomando a decisão no último minuto.

Em uma faculdade do outro lado da cidade, a namorada de David, Annette, convenceu duas amigas a irem a Guilford para brincarem na neve com David e alguns colegas do futebol. Quando as garotas apareceram no alojamento, sem avisar, David disse: — Ótimo! Mas só depois do estudo bíblico. — As três garotas, todas cristãs, decidiram participar.

Assim que cheguei à reunião, fiquei de queixo caído, apesar de ter 23 anos de idade. Quase parei de respirar.

Lá estava a garota mais linda que eu já vira. Seus cabelos loiros e brilhantes caíam em cascata quase até a cintura, destacando uma silhueta de causar inveja a qualquer mulher. Meu coração acelerou; apaixonei-me imediatamente.

Foi muito difícil concentrar-me no estudo bíblico na hora seguinte.

Deus, por favor, ajuda-me, meu "novo eu" orou. *Se for para eu ter uma ligação com esta garota, espero que ela não esteja comprometida com ninguém. Ajuda-me a causar boa impressão e a manter os pensamentos puros como os teus.*

O "velho eu" pensava o tempo todo: *Uh, uh! É com esta que eu vou!*

Após o encerramento do estudo bíblico com uma oração, cumprimentei meus ex-colegas de classe. Em seguida, dei um jeito de aproximar-me de Annette e suas amigas. Abracei Annette e conheci uma garota chamada Phyllis — e, ao virar o rosto, fiquei frente a frente com a linda loira.

O caos dentro de mim sufocou todos os pensamentos racionais. Eu não tinha certeza do que sairia da minha boca.

Ela me cumprimentou com um delicado aperto de mão sulino e disse: — Oi, sou Susan.

Quando finalmente me dei conta de que ela estava tentando educadamente puxar a mão, ficou claro que eu a havia segurado por muito tempo. Minha primeira fala foi brilhante: — Então, garotas, vocês estudam com Annette?

Susan lançou-me um olhar irônico, mas respondeu. — Sim, Annette e eu estamos estudando decoração de interiores.

— Desculpe-me, mas o que é isso?

Encolhi-me ao ouvir minha pergunta. *Cale a boca! Pare de falar!*

— Planejamento de espaços residenciais e comerciais — ela respondeu.

Pense direito, idiota, eu me repreendi. *Ela está respondendo com frases curtas. Pense antes de falar.*

Susan reverteu o interrogatório. — E você, Rob, qual é sua especialização?

— Eu me formei na primavera e planejo entrar para o ministério. — Sabia que aquilo a impressionaria.

— Ah, e qual é a denominação da sua igreja?

A resposta correta fugiu-me naquele momento, por isso respondi: — Cristã. — Impressionante!

— Prazer em conhecer você. — Susan disse gentilmente. — Preciso ir. — Ela deu meia-volta e afastou-se com Annette e Phyllis, que reviraram os olhos.

Eu queria ir atrás dela, mas não saí do lugar. Queria gritar "Ei, espere!", mas não disse nada.

Rindo, David despediu-se com um aceno e as seguiu. Não me atrevi a ir atrás deles; a linguagem corporal de Susan parecia dizer que ela não tinha interesse em mim.

Ela, porém, não sabia com quem estava lidando.

Havia algo especial naquela garota. Não era apenas sua beleza estonteante. Eu não sabia ao certo se minha determinação teve origem no ego, na luxúria ou em algo mais profundo, mas comecei a planejar o próximo passo.

Sabendo que Susan e Annette moravam no mesmo prédio, implorei a David que me informasse o número do telefone público mais perto do alojamento de Susan. Também implorei a David que não contasse a Susan que ele me dera aquele número; queria uma oportunidade de convidá-la para sair comigo antes que ela me riscasse do mapa.

Liguei para o alojamento de Susan várias vezes durante três semanas. Com medo de que ela me virasse as costas se soubesse quem estava ligando, nunca deixei recado.

Finalmente ela atendeu num fim de tarde. Mal consegui falar quando ouvi sua voz. Por fim, eu disse: — Susan, é Rob, amigo de David. Nós nos conhecemos várias semanas atrás num estudo bíblico.

— Ah, sim, eu me lembro — ela disse educadamente, mas sem entusiasmo.

— Tenho certeza de que não me expressei bem naquela noite — eu disse, recitando as palavras que ensaiara. — Mas gostaria muito de ter uma chance de passar um pouco de tempo com você para nos conhecermos melhor. Que tal irmos a um cinema ou a outro lugar da sua escolha na semana que vem?

Totalmente preparado para uma recusa, prendi a respiração.

— Desde que não seja um encontro romântico, aceito.

Legal!, exultei. Em seguida, fiz uma advertência a mim mesmo. *Calma. Controle-se. Seja breve. Se balbuciar como um idiota, vai estragar esta chance.*

— Ótimo! — eu disse com um décimo da intensidade que sentia. Depois de acertarmos o melhor dia para o encontro, desligamos o telefone. Atordoado, recostei na cadeira, em êxtase. Minhas pernas pareciam feitas de borracha.

Ao buscar Susan na noite de nosso primeiro encontro, notei um ar de apreensão em seu rosto quando ela olhou de relance para o meu carro.

Alguns meses antes, eu pagara 300 dólares pelo meu primeiro carro, uma perua Ford Fairlane da década de 1960. As únicas coisas que funcionavam naquela carcaça enferrujada eram o motor e a transmissão. Eu havia retirado a almofada da porta do lado do passageiro e colocado uma placa de madeira para segurar o vidro da janela. O chão do carro estava tão corroído que era possível ver o asfalto embaixo dos pés; um pedaço de madeira compensada me impedia de cair no buraco. Os assentos de vinil estavam gastos e lustrosos. Não era obrigatório o uso de cinto de segurança, por isso não havia nenhum no carro.

Respondendo a um concurso chamado "Dê um nome à bomba", os rapazes do meu grupo de jovens apelidaram aquela geringonça de "Perua Mágica". Disseram que era necessário fazer uma mágica para o carro rodar.

A reação de Susan ao ver o carro foi de espanto. Não que ela gostasse de coisas caras; seu pai era pastor metodista. Mas minha relíquia sobre rodas não parecia nem um pouco segura.

Depois que abri a porta para ela entrar, a reação dela foi a que eu chamaria de "posição defensiva ao namoro". Sentada no banco escorregadio, ela se virou e olhou para mim em vez de olhar para a frente.

Enquanto dirigia o veículo, perguntei: — Estamos no caminho certo do cinema?

— Você já passou alguns quarteirões.

— Foi o que pensei.

Ei, o trânsito está tranquilo. Por que não fazer um retorno aqui mesmo? Sem avisar, reduzi a velocidade e girei o volante completamente para a esquerda.

Imediatamente Susan escorregou no assento, bateu o corpo na porta do passageiro e caiu de costas no chão com as pernas para cima.

A cena não foi nada elegante.

Ela estava apavorada. Eu também.

Com a sensação de que voltara a fazer parte do alojamento dos Meninos Pequenos, encostei o carro no meio-fio, ajudei-a a levantar-se e pedi-lhe mil desculpas. Suor escorria de minhas sobrancelhas e axilas enquanto eu esperava que ela dissesse: "Não me ligue nunca mais".

No entanto, ouvi: — Não se preocupe, Rob. Vamos ao cinema.

Gostamos do filme, mas, após o término da sessão, levei-a direto ao alojamento. Não queria correr o risco de cometer outras tolices. Também não tentei dar-lhe um beijo de despedida.

Inacreditavelmente, ela concordou com um segundo encontro, que transcorreu suavemente. Fomos até o meu quarto e conversamos por um longo tempo; depois, peguei meu violão e cantamos.

Enquanto eu a conduzia até o carro, ela parou para contemplar as estrelas que brilhavam naquela região. Impulsivamente eu a virei de frente para mim e abracei-a carinhosamente.

— Sabe de uma coisa? Você se encaixa perfeitamente nos meus braços — eu disse.

Parecia frase feita, mas era verdade. Após um beijo rápido, levei-a para casa.

Isto tem as marcas de uma promessa de relacionamento, pensei.

Logo, porém, descobri que meu passado me traria sérias complicações.

Na tarde do dia em que combinamos nosso terceiro encontro, voltei para casa do trabalho com o plano de tomar uma ducha e trocar de roupa. Assim que fechei a porta atrás de mim, a dona da casa veio correndo da cozinha.

— Espere um minuto, Rob. Preciso falar com você.

Comecei a subir a escada e gritei por cima do ombro: — Sinto muito. Mas estou atrasado para um encontro com Susan. Podemos conversar amanhã?

— Não, Rob — ela respondeu com firmeza. — Não podemos.

Parei imediatamente.

— Não sei como contar isso a você, Rob, mas... — Ela abaixou os olhos e o tom de voz. — Rob, recebi um telefonema esta manhã. Sinto muito. Sua mãe morreu.

Hesitei. Quando finalmente consegui falar, foi tão sem emoção que aquela mulher não entendeu.

— Há... muita coisa a respeito da minha infância que a senhora não sabe — eu disse com cautela. — Fui criado num abrigo, não por meus pais. É uma história muito complicada. Prometo contar mais detalhes amanhã. Até lá, por favor, não pense que sou um monstro por não estar triste com a morte da minha mãe. Ela não foi exatamente uma mãe para mim.

Evidentemente, a mulher ficou perplexa diante da minha reação. Aparentemente tentando achar que eu tinha motivos para me sentir daquela maneira, ela concordou com um movimento de cabeça, virou-se e entrou na cozinha.

Troquei de roupa e saí para buscar Susan. Fomos a um concerto; sentado ao lado dela, não tive coragem de contar-lhe que minha mãe havia morrido.

Eu sabia que Susan era uma pessoa maravilhosamente sensível. Mas ainda não me sentia à vontade para compartilhar aquela notícia com ela.

Como posso explicar que a morte da minha mãe não é importante para mim?, pensei. *Como posso contar a Susan que essa morte foi, na verdade, um alívio?*

Susan amava sua família, eu sabia disso. Sabia também que, se algum membro de sua família tivesse acabado de morrer, ela não estaria assistindo a um concerto. Estaria chorando, indo para casa, aflita. Como poderia explicar minha reação aparentemente fria enquanto não lhe contasse tudo?

Eu não estava preparado para o que aconteceria, caso lhe contasse. Portanto, não disse nada.

Terminado o concerto, desculpei-me por estar tão calado. Perguntei a Susan se poderíamos voltar para casa mais cedo.

— Por favor, acredite em mim — eu lhe garanti —, não tem nada que ver com você nem com nosso relacionamento. Só estou meio aborrecido e não quero deixar você triste. Ligo para você amanhã.

Ela me olhou sem entender nada, mas concordou. Quando cheguei em casa, tive tempo para pensar.

Joyce Mitchell está morta. Na verdade, eu me sentia aliviado.

Depois de perdoar minha mãe, eu a vi duas vezes. Infelizmente, ela não agiu de maneira racional comigo a ponto de eu lhe contar que havia perdoado.

Não estava feliz por ela ter morrido, mas também não estava triste. Por fim, ela se livrara do sofrimento em que vivera durante cinquenta e quatro anos. Eu não tinha condições de saber como Deus julga uma pessoa mentalmente enferma, mas esperava que sua alma estivesse finalmente em paz.

Na manhã seguinte, conversei com Gigi por telefone. Quando lhe perguntei se deveria voar para Chicago, ela respondeu: — Não, Robby. O pessoal do asilo planejou um culto em memória de sua mãe, e ela será enterrada no cemitério de indigentes. Não me sinto bem em comparecer, e ela perdeu contato há muito tempo com todos os amigos antigos.

Vou ficar aqui e orar durante o culto. É tudo o que posso fazer agora pela minha pobre filha.

Fiquei grato a Gigi por ela ter permitido que eu enfrentasse a morte da minha mãe sem ter de voar para Chicago e demonstrar emoções falsas.

No entanto, mesmo vários dias depois, eu não tinha ideia de como abordar o assunto com Susan.

Estava também começando a perceber uma verdade mais perturbadora: em razão do meu passado, eu não aprendera a ter um relacionamento sério e adulto com uma mulher.

/ 30 /

O relacionamento

O RELACIONAMENTO COM SUSAN alternava-se entre quente e frio. Quando nos aproximávamos um do outro, as esperanças aumentavam consideravelmente; então nos sentíamos desconfortáveis e nos afastávamos um do outro. Essas separações nunca duravam mais que duas ou três semanas. Com o passar do tempo, um de nós ligava para o outro e reatávamos o namoro.

Não havia nenhum adulto para ajudar-me a navegar naquelas águas desconhecidas. Minhas únicas referências eram as lembranças de casais de antigos seriados de TV, como *As aventuras de Ozzie e Harriet*, *Papai sabe tudo* e *Foi sem querer*. Esses casais eram descritos como perfeitos; encontravam soluções para todos os problemas em meia hora. Já haviam passado pela fase difícil de cortejar, casar e ter filhos.

Eu queria ter uma família como a deles. Só não sabia como chegar lá.

A situação ficou óbvia quando eu disse a Susan um dia: — Não sei exatamente onde estarei após o safári americano que planejei para este verão.

A resposta dela me surpreendeu. — Não sei se devo tentar manter este relacionamento ou rompê-lo. Acho que, como casal, temos mais possibilidades do que você está disposto a admitir. Mas não tenho certeza se quero esperar até você decidir a nossa situação.

Sem saber como responder, mudei de assunto. Meu desejo era dizer que eu não queria romper o namoro com ela, mas receava assumir mais responsabilidades.

Susan conseguiu, de uma forma ou de outra, passar por cima disso e convidou-me para visitar sua família em China Grove, Carolina do Norte. Os ursos ainda eram símbolo de rebelião, principalmente no Sul; aquele urso em que eu me transformara nos últimos tempos e a falta de vontade de conversar sobre minha família eram dois pontos negativos enquanto eu me dirigia à casa dos pais de Susan.

A mãe dela preparou uma carne assada deliciosa com purê de batatas, molho caseiro, legumes e pãezinhos. Para um rapaz cuja alimentação consistia em manteiga de amendoim, gelatina e cachorro-quente, aquilo era um banquete.

Ao notar que os irmãos adolescentes de Susan se serviram apenas uma vez, imaginei que eles tivessem comido muitas guloseimas naquele dia. Quando elogiei a mãe de Susan pela refeição, ela sorriu e disse: — Se você gostou, pode repetir. — Foi o que fiz.

Para meu vexame, Susan me contou mais tarde que sua família, que vivia de um modesto salário de pastor, esperava que o assado fosse suficiente para, pelo menos, duas refeições. A quantidade que sobrara era suficiente apenas para preparar um sanduíche. Aquilo explicou por que ouvi de longe a mãe de Susan cochichar após o prato principal: "Não leve esse rapaz muito a sério, querida. Você não terá condições de fazer tanta comida para ele".

Também explicou por que ouvi um dos irmãos dizer à mãe enquanto eu conversava com o pai de Susan sobre assuntos espirituais na sala de estar após a refeição: "Ele parece muito inteligente. Mas como esse cara come!".

Apesar disso, saí ileso daquele primeiro contato. Quando Susan e eu voltamos a Greensboro, nosso relacionamento transcorria um pouco mais tranquilo.

Talvez fosse porque ela parecia entender minha necessidade de ser livre — embora eu nunca tivesse conversado com ela sobre meu passado. Ela permitia que eu corresse atrás dos meus pequenos sonhos, mas sempre me dava motivos para retornar. O motivo principal era ela, não apenas por causa de sua beleza a ser conquistada, mas porque sua beleza interior me forçava a ser um sujeito melhor.

Susan também me questionava de outras maneiras, com seu jeito de lançar perguntas "refinadas". Quando decidi refazer o motor de uma caminhonete usada que havia comprado, ela disse: — Você está se dedicando muito a esse projeto. Quais são seus objetivos?

— Só para ver se sou capaz — respondi. A frase foi melhor que "Para provar a mim mesmo que sou capaz de fazer uma coisa 'normal, de homem' ". Perguntas como as dela me ajudaram a reduzir o ritmo em vez de enfrentar a vida freneticamente, na tentativa de colocar-me à prova.

Aparentemente, Susan também sabia como me tornar uma pessoa civilizada, mas fazia isso com muita cautela, sempre me deixando agir como homem.

Cerca de cinco meses após nos conhecermos, decidi que era tempo de saber se Susan entenderia os detalhes da minha infância. Sua reação me diria se poderíamos ir além de um simples namoro.

O medo tomou conta de mim. Parecia arriscado confidenciar a alguém a verdade acerca do meu passado. Sempre tive receio de falar sobre minha infância aos pais dos moços e das moças do grupo de jovens da igreja, para que eles não afastassem os filhos de mim.

Finalmente, eu disse certa noite: — Susan, preciso conversar com você sobre meu passado. Que tal a gente dar uma volta pelo campo de golfe da faculdade enquanto conversa? Vou me sentir mais à vontade.

Meu coração continuou a bater acelerado enquanto caminhávamos e eu falava. Susan ouviu minha história sem me interromper.

Terminei dizendo: — Se você não quiser levar o namoro adiante, vou entender.

Um longo silêncio reinou enquanto continuamos a caminhar. A cada passo, meu coração parecia despedaçar-se um pouco mais.

Finalmente Susan parou e se virou para mim. — Por que você disse isso? — ela perguntou, incrédula. — Achou que eu romperia o namoro só porque você teve uma infância infeliz? Eu jamais deixaria de respeitar você por causa do que sofreu. Aliás, estou impressionada por você ser alguém como é hoje, apesar da sua infância. *É claro* que quero continuar a me encontrar com você.

Meu coração teria dado saltos de alegria, se eu não estivesse tão exausto depois de contar minha história. —Vou responder a qualquer pergunta que você fizer — eu disse —, mas pode ser em outra ocasião? Foi difícil demais reunir coragem para contar isso. Você não sabe quanto gostei da sua reação, mas prefiro não falar mais deste assunto hoje. Tudo bem?

Susan concordou com um movimento de cabeça. Em silêncio, puxou-me para perto de si e abraçou-me com força.

Não consegui acreditar no que estava acontecendo. Imaginei um cenário de rejeição, não aquele. *Será verdade?*, pensei. *Encontrei realmente uma mulher generosa que me aceita, apesar da doença mental dos meus pais e da minha infância tão estranha*?

Nas semanas seguintes, distanciei-me um pouco, construindo muros de defesa, para o caso de Susan reconsiderar sua decisão. Tive de admitir que, se ela voltasse atrás, aquilo me magoaria mais do que eu podia imaginar. Agora via que nunca me interessara tanto por uma mulher como me interessava por Susan.

Nosso relacionamento continuou, e eu me senti perplexo, agradecido, emocionado — e apavorado.

Sempre quis ter um relacionamento mais próximo com uma mulher. Agora que tinha, lutava com mais um tipo de medo.

Até que ponto posso revelar meu passado sem aparentar ser um monstro?

Até que ponto posso contar e tentar fazê-la compreender, sem aparentar ser estranho demais?

Se for com essa mulher que Deus deseja que eu me case, estou preparado para assumir um compromisso para a vida toda?

Ainda assim, era bom demais ter uma namorada que me parecia amar a despeito do meu passado. Talvez Susan fosse realmente a pessoa que me daria a vida "pai/mãe/filhos" que eu tanto almejava.

Nosso relacionamento parecia uma aventura em fase de desenvolvimento. Com ansiedade e cautela oriundas da experiência, orei para ter a sabedoria e a coragem necessárias para ser o homem com quem Susan gostaria de passar a vida inteira.

Logo ficaria sabendo que não me encaixava tão bem nessa descrição quanto esperava.

/ 31 /

Separados

Na primavera de 1978, falei o tempo todo no safári americano que se aproximava. Os momentos com Susan eram usados para instalarmos uma cobertura na carroceria da minha caminhonete. Nos "encontros" de sábado à tarde eu tagarelava de entusiasmo ao ver Susan, relativamente silenciosa, passando-me as ferramentas.

Meu plano era passar catorze semanas na estrada, e apenas uma noite em hotel. O resto do tempo eu dormiria na caminhonete ou na casa de amigos. Contei a Susan sobre isso, mas não prestei atenção às suas preocupações até a véspera da partida.

— Sei que você deseja muito fazer isso, Rob — ela disse. — Mas não poderia fazer a viagem em várias etapas mais curtas?

— De jeito nenhum — respondi. — Este é o tempo perfeito para eu ir. Talvez nunca mais eu possa livrar-me das obrigações e fazer o que quero.

As palavras mexeram muito com sua sensibilidade, por isso acrescentei rapidamente: — Eu vou voltar, Susan. Só ficarei fora por alguns meses.

Tentei mudar de assunto, mas ela insistiu. — E se você visitar algum lugar durante a viagem e decidir ficar por lá?

Pergunta complicada, pensei. — Bem, amor, eu não posso prometer que vou voltar, mas você está aqui, portanto esse é um motivo muito bom e real.

Assim que as palavras me saíram da boca, percebi a tolice que cometera. Mas era tarde demais. O silêncio de Susan congelou todas as nossas palavras.

Levei-a de volta na caminhonete até seu alojamento, amparei-a enquanto ela tentava não chorar, beijei-a e disse que telefonaria sempre que pudesse. Ela entrou no alojamento sem olhar para mim.

Por que você disse aquilo?, pensei enquanto me afastava. Aquela moça linda, talentosa, inteligente e consagrada queria um futuro comigo. No entanto, eu estava tentando manter algumas opções abertas.

Por que você não se ajoelha para agradecer a Deus por ele ter colocado essa moça no seu caminho? Por que está se segurando? Acha que poderá encontrar alguém melhor que ela?

Eu não sabia responder.

Naquela noite, meus pensamentos voaram tão rápido que mal consegui dormir. Finalmente, deixei-os de lado, pensando: *Ora, ela vai superar isso.*

Na manhã seguinte, entrei apressado na minha casa sobre rodas e segui para o Oeste. Nas catorze semanas seguintes, dirigi a caminhonete, andei com uma mochila nas costas e conheci os Estados Unidos, desde as montanhas Blue Ridge até a península Olímpica no estado de Washington. Nesse meio-tempo, visitei Gigi, agora com 84 anos de idade, visitei Nola no abrigo, fiz uma viagem de três dias pelas correntezas do rio Rogue e contemplei as maravilhas desde o Grande Canyon até o lago da Cratera de Oregon.

De vez em quando encontrava um telefone público e ligava para Susan. Quando conversávamos, ela mal tinha tempo de dizer algumas palavras enquanto eu resumia rapidamente minhas aventuras e dizia que ligaria novamente.

Quando finalmente retornei à Carolina do Norte, lá estava Susan à minha espera na entrada de casa. Mais uma vez sua beleza me tirou o fôlego. Ela ouviu durante horas enquanto eu tagarelava sem parar sobre a viagem.

Na minha mente tão absorvida pela viagem, nosso relacionamento estava bem. Seguiríamos em frente no ritmo normal.

Eu estava errado.

— Não entendo até agora como você foi capaz de me deixar por mais de quatro meses sem prometer se voltaria e se ficaríamos juntos — ela explicou, quando finalmente reconheci que algo não corria bem.

Ei, eu voltei, certo?, quis dizer, mas não disse.

— Como você sabia que eu estaria esperando por você? Você não assumiu um compromisso comigo. Achou que eram favas contadas e esperava que estivesse aqui à sua disposição *se* você decidisse voltar.

Eu sabia que seria melhor manter a boca fechada.

— Estou feliz por você ter voltado, Rob, e porque ainda sente atração por mim. Mas me pergunto se não sou apenas uma "garota de reserva" até você achar coisa melhor.

Por que as mulheres têm de ser sempre tão sentimentais?, pensei.

— Está bem, amor, entendi — eu disse. — Eu deveria ter sido mais sensível às suas preocupações antes de partir. Estava tão envolvido com a viagem que não imaginei que você duvidasse dos meus sentimentos por você. Sinto muito mesmo. Por favor, não me mande embora. Dê-me uma chance de restaurar nosso relacionamento.

Ela não me pediu que desaparecesse. Mas eu estava pisando em terreno minado, e sabia disso.

No dia seguinte, descobri que a dona da casa onde morei tinha um quarto para alugar, por isso voltei para lá. Depois de trabalhar em alguns empregos esporádicos, assumi no outono de 1978 um cargo no departamento de vendas de uma pequena empresa que comercializava uma nova tecnologia para sistemas eletrônicos de caixas registradoras. Meus patrões eram solícitos, honestos, pacientes e bons mestres.

Enquanto minha carreira deslanchava, Susan se encontrava nos estágios finais de receber graduação em decoração de interiores. Em breve o mundo se abriria para ela.

Era chegada a hora de tomar uma decisão. Eu tinha de correr o risco de pedir Susan em casamento — ou liberá-la.

Nenhum de nós, porém, parecia pronto para dar aquele passo. Susan confessou sua luta quando me disse um dia: — Não tenho certeza se você precisa de mim.

— Eu a amo, Susan — assegurei-lhe. — Mas não tenho certeza se, um dia, chegarei ao ponto de precisar de alguém para sobreviver.

— Mas eu preciso que você precise de mim — ela disse simplesmente.

Como explicar o medo que eu sentia só em *pensar* que precisaria de alguém daquela maneira? Depositar tanta confiança em outra pessoa me deixaria vulnerável demais.

Se havia algo que a vida me ensinara, era que eu devia proteger-me. Essa prática havia sido muito útil no abrigo, mas estava deixando transparecer que meu sonho de ter uma família parecia impossível.

/ 32 /

Medo de constituir família

EMBORA O MEDO DE SER VULNERÁVEL não tenha sido suficiente para destruir meu relacionamento com Susan, eu vivia perseguido pela sombra dos meus pais.

Como vou lidar com a situação se, após o casamento, Susan manifestar a mesma instabilidade da minha mãe?, eu me perguntava frequentemente. *Eu levaria o casamento adiante ou cairia fora?*

Se tivermos filhos antes que esses problemas surjam, abandonarei as crianças ou tentarei obter a custódia legal? Será justo submetê-las à mesma insanidade com a qual convivi?

Eu sabia que muitos casais simplesmente se separam quando a situação azeda, dedicando aos filhos o máximo de tempo e atenção que lhes é permitido. Mas o casamento que eu desejava, o modelo com o qual sempre sonhara, seria passar a vida inteira com uma mulher que fosse parceira — no dinheiro, nos objetivos, no amor, no romance, bem como nas coisas espirituais. Eu não queria que meus filhos perguntassem: "Por que o papai foi embora?".

E se Susan estiver escondendo coisas de mim, como minha mãe devia ter feito com meu pai? E se eu estiver sendo guiado pelos hormônios, sem ver os avisos de advertência, sem raciocinar com lógica? E se ela estiver sã agora, mas apresentar sinais de loucura depois?

Lutei durante meses com os "e se". Então, em uma manhã durante os momentos de oração, permaneci sentado mais tempo que o normal, com a cabeça curvada e os olhos fechados, aguardando silenciosamente uma resposta. Quando estava prestes a desistir, minha mente foi invadida por um pensamento para o qual estava completamente despreparado.

E se você for *o problema?*

Endireitei o corpo e abri os olhos. Mais uma vez, chegara ao cerne da questão.

E se for eu? Por que não pensei que posso enlouquecer como os meus pais? Por que estou preocupado com ela se sou eu a pessoa mais propensa a ter problemas?

Como sempre, meus olhos viam apenas os efeitos que as outras pessoas poderiam causar em mim. E quanto a Susan? Eu não tinha o direito de sobrecarregá-la com a possibilidade de que poderia enlouquecer.

Esta era a pergunta que me atormentava desde a infância, a pergunta que fiz a John na viagem após ter consultado os psiquiatras em Chicago: "Vou ficar louco também?".

A pergunta começou a adquirir outras formas. *E se eu não for capaz de ter uma vida normal ou não permanecer num emprego estável por causa de problemas mentais ou emocionais?*

E se eu for acometido de esclerose múltipla ou de outra doença neurológica que me paralise fisicamente e me torne incapaz de sustentar e proteger minha família, de ser um pai amoroso?

Susan me abandonará se eu me tornar um homem fraco?

A resposta parecia óbvia: eu não queria que ela me abandonasse, é claro. Mas demorou muito tempo para aceitar sinceramente a realidade de que o cônjuge problemático poderia ser eu.

Passei uma ou duas semanas engolindo o orgulho antes de receber uma resposta sincera do meu coração. *Não, é claro que não! Não quero ser abandonado de maneira alguma. Já estive lá, e não quero que ninguém tenha de sofrer o que sofri.*

Mesmo que eu me torne fraco, quero que Susan fique comigo para enfrentarmos juntos as lutas da vida. Quero muito honrar o compromisso dela de permanecer comigo na alegria e na tristeza, na saúde e na doença, na riqueza e na pobreza, até que a morte nos separe.

Se eu queria isso da minha esposa, como poderia exigir menos de mim?

Afinal, eu não era o único que daria um passo de fé, se casássemos. O passo de fé de Susan talvez fosse maior que o meu.

Decidi que a pergunta principal era: "Rob, você está pronto para assumir um compromisso com essa mulher, ser fiel a ela em tudo, em quaisquer circunstâncias?". Eu sabia como *deveria* responder, mas o problema maior era dizer isso com sinceridade e em voz alta.

Susan fez o possível para ser compreensiva e paciente comigo enquanto eu tentava fazê-la entender minhas lutas. Uma noite, pedi-lhe que orasse comigo, e o meu pedido a Deus foi direto: "Ajuda-me a confiar que Susan não me abandonará. Dá-me força para assumir o compromisso de permanecer sempre ao lado dela também".

Na semana seguinte àquela oração, fui envolvido por uma paz que não conseguia explicar. Finalmente me sentia pronto para assumir um compromisso.

Estávamos deitados em uma rede sob os pinheiros do Sul em uma noite no fim do verão quando pedi Susan em casamento.

Ela não respondeu. Apenas me deu um beijo tão longo e tão intenso que quase me sufocou.

Quando começamos a planejar o casamento, entendi que aquele beijo significava "Sim".

No entanto, algumas semanas depois, Susan ainda não havia contado a ninguém. — Quando você vai contar aos seus pais? — resolvi perguntar.

Ela balançou a mão esquerda diante do meu rosto.

— O que isso quer dizer? — perguntei, irritado.

— Não há nada no meu dedo! — ela respondeu com um sorriso.

— O quê?

— Não tenho anel de noivado, seu bobo. Gostaria de ganhar o anel antes.

— Está bem, leve-me a uma loja e mostre-me um anel.

Aparentemente ela já o havia procurado. Quando chegamos à loja, ela apontou para vários na vitrina. Perguntei à vendedora se poderia pegar um — para ver a etiqueta com o preço.

— Susan — eu disse, ofegante. — O preço tem *quatro* dígitos! Você não está falando sério, está?

Eu não queria constrangê-la nem magoá-la. Nunca pagara mil dólares por nada em minha vida — nem mesmo por um carro. Mas o humor de Susan mudou imediatamente, de extrema alegria para extrema decepção.

— Por favor, leve-me para casa — ela sussurrou.

Eu sabia que não devia dizer mais nada.

A pobre da mulher que me alugava o quarto ouviu todo o meu desabafo. Quando terminei de andar de um lado para o outro e de explicar o preço tão alto do anel, sentei-me e aguardei seu conselho. Ela não me encarou.

— O que você acha que deve fazer, Rob? — ela perguntou delicadamente.

— Tenho opção? — perguntei.

Ela caiu na gargalhada. Quando finalmente conseguiu falar, disse: — Nenhuma, Rob. Crie coragem e compre o anel. Bem-vindo ao mundo dos casados.

Comprei o anel e ofereci-o a Susan, que chorou de surpresa e me deu um beijo longo e intenso.

Pouco tempo depois fomos a China Grove comunicar o noivado aos pais dela. A mãe já havia imaginado; o pai, não. Assim que se recuperou, ele concordou plenamente.

Certa noite, durante nossa visita, o pai de Susan me fez uma pergunta.

— Rob, agora que você será marido e provavelmente pai, em quem você se espelha como homem, apesar da sua infância?

Uma lista se desenrolou rapidamente na minha cabeça: meu primo mais velho Art; Marv, o assistente social dos tempos do ensino médio; Bob, o caçador; Swaney, o substituto do "pai" do abrigo; Dave, o "camisa branca"; Lee, o missionário; Dapala, o homem da tribo Ngbaka. Lembrei-me das mulheres que também foram bênção na minha vida: Gigi; Nola; Fran, a mãe de Art; tia Alice; a missionária Alene.

Finalmente respondi ao meu futuro sogro. — Não sei se o que vou dizer parece loucura, mas, por favor, perdoe-me se parecer. Acho que a melhor resposta à sua pergunta é aquilo que vejo em Jesus, o homem. Nunca poderei ter a pureza espiritual dele, é claro, mas gostaria de tentar ser o homem que ele foi.

— Por favor, explique melhor — Joe disse.

— Bom, pelo que estudei, parece que ele foi carinhoso com as criancinhas, respeitoso com as mulheres, amigo dos homens, defensor dos fracos, inflexível sob a pressão de grandes dificuldades, destemido diante de gente má e hipócrita, e fiel a Deus. Ele parece ser um bom exemplo a ser seguido.

Depois de refletir na minha resposta, Joe me encorajou a resumir em termos mais simples.

— Um homem de verdade é firme e carinhoso — repliquei.

Joe assentiu com a cabeça.

— Quero ser firme e carinhoso. Quero trocar fraldas e ser carinhoso com meus filhos, mas quero também fazer outras coisas, como levantar pesos, caminhar no campo e caçar.

Em algum ponto da conversa, Susan havia saído da cozinha e entrado na sala, sufocando o riso.

— Você terá de ser paciente comigo como marido e como pai — eu disse. — Vou precisar de instruções. E você nem imagina como vou demorar a aprender!

Com um sorriso, um sinal de concordância com a cabeça e um piscar de olhos, ela me garantiu que aquilo não era surpresa. — Não se preocupe — ela disse. — Estou precisando de um projeto de longo prazo!

/ 33 /

Círculo completo

EM NOVEMBRO DE 1979, Susan e eu entramos na casa de repouso de Chicago onde Gigi passava seus últimos dias de vida.

Susan e eu planejávamos casar-nos em alguns meses. Eu estava levando a minha noiva para conhecer minha avó.

Aquilo que havia sido grande alegria anos antes agora era um tanto amargo e difícil. Gigi, a luz e a força da minha vida, estava presa ao leito aos 86 anos de idade, fraca demais para levantar-se e nos cumprimentar. Alternando momentos de lucidez com esquecimento, ela fez um esforço enorme para sentar-se na cama e conversar.

A St. Paul House era limpa, mas exalava cheiro de desinfetante misturado com odor de substância deteriorada. Susan e eu havíamos sido conduzidos a um pequeno jardim de inverno para o qual os moradores eram trazidos a fim de ver a natureza ao redor.

Os idosos pouco conversavam uns com os outros. Quase todos estavam dormindo, afundados em cadeiras de roda ou recostados em espreguiçadeiras bege e cinza que pareciam combinar tristemente com a pele pálida daquelas pessoas.

Susan puxou uma cadeira ao lado da espreguiçadeira de Gigi e segurou a mão enrugada da minha avó. Os olhos que haviam visto tanto sofrimento fitaram o rosto da minha noiva à procura de detalhes que as mulheres querem ver e os homens não entendem.

Sorrindo delicadamente, Gigi apertou a mão de Susan. Permaneci em pé ao lado delas, com um nó tão grande na garganta que me impedia de falar e tornava a respiração difícil.

— Orei durante anos para que Deus me permitisse ver Rob formado na faculdade e casado — Gigi murmurou. — Sou muito grata por ele ter conhecido você.

Ela se virou para a enfermeira que acabara de entrar na sala e disse com orgulho: — Esta é a doce e meiga esposa de Rob. Eles vão se casar em março.

Entendemos a confusão de Gigi e sorrimos.

Ela fechou os olhos por um instante, depois os abriu e perguntou: — Susan, quando é mesmo que vocês vão se casar?

— Em março, Gigi. Rob e eu vamos nos casar em março.

Gigi não viu a lágrima no rosto de Susan, mas eu vi.

Minha futura esposa manteve o tom de voz leve quando pediu um conselho. — O que vou fazer para alimentar este homem?

Gigi riu, e as rugas mudaram de posição. Sua resposta em voz fraca foi como a de uma garotinha contando um segredo à nova amiga. — Ele gosta de carne assada, purê de tomate com molho caseiro, espinafre e sorvete de baunilha com calda de chocolate.

Susan assentiu com a cabeça.

— Mas preciso contar uma coisa — Gigi complementou com austeridade.

Surpresos, nós dois inclinamos o corpo para a frente.

— Querida, ele é um menino maravilhoso. Mas ronca como uma serra!

Caímos na gargalhada. Ela ainda tinha senso de humor.

Susan enxugou os olhos e começou a fazer outra pergunta. Mas Gigi voltara a dormir.

Aguardamos um pouco. Na esperança de que Gigi acordasse e conversasse um pouco mais conosco, minha futura noiva pegou um frasco de loção hidratante e esfregou-a delicadamente nos braços da minha avó. A pele fina como papel absorveu rapidamente a loção.

Os olhos continuaram fechados, mas um sorriso se formou em seus lábios. — Obrigada — Gigi disse baixinho.

Logo tivemos de aceitar o fato de que ela estava exausta e dormia profundamente. Era hora de partir.

Susan levantou-se, inclinou o corpo e beijou Gigi na testa. Beijei-a também e depois encostei minha cabeça na dela, na esperança de sentir um pouco de seu perfume favorito. Infelizmente, não senti nada. Pena eu não ter levado um frasco.

Susan e eu saímos em silêncio, de braços dados. Na realidade, ela me amparava. Eu ainda não conseguia falar.

Aquela não era a Gigi da qual eu me lembrava, aquela que eu queria que Susan conhecesse. Não imaginara o estado em que minha avó se encontrava; ela parecia mais forte quando conversamos por telefone.

Um dos motivos de termos voado para Chicago foi para que Gigi conhecesse Susan. Depois de alcançarmos parte do objetivo, saímos de lá com a triste sensação de que o dia final da minha querida avó se aproximava.

Pegamos um ônibus no sentido noroeste para Rockford a fim de concluir outro assunto que nos levara a Illinois.

Quando levou Gigi para morar na casa de repouso, Art guardou o que restava da mobília que Pauline dera de presente aos meus pais. Ironicamente, um ponto de controvérsia no casamento do meu pai proporcionaria agora um pouco de conforto à nova família de seu filho. Alugamos um caminhão em Rockford e o carregamos com uma pequena fortuna em móveis residenciais.

Art também havia guardado os utensílios usados no dia a dia por Gigi e alguns presentes que meus pais receberam — inclusive copos e taças de cristal e um lindo conjunto de baixelas de prata antiga. A esperança de Gigi de deixar-me uma herança foi concretizada.

Susan e eu transportamos todos os presentes de Gigi para a Carolina do Norte, onde começamos a mobiliar um apartamento.

Os planos para o casamento iam de vento em popa. Minha lista de convidados era simples: os parentes da família Mitchell de Atlanta e alguns da Carolina do Norte; o grupo de jovens da minha igreja; alguns professores e amigos da faculdade. Os parentes idosos em Illinois não tinham condição de fazer uma viagem tão longa.

A lista de Susan era muito maior. A família do pai e da mãe dela era grande, e muitas pessoas da atual congregação de seu pai e das igrejas anteriores foram incluídas. Lidar com aquelas listas era confuso para mim, mas Susan parecia completamente à vontade.

Susan e o pai se sentavam à mesa da cozinha quase todos os dias para lidar com os detalhes da cerimônia. Escolhiam versículos bíblicos, promessas e hinos. Eu sabia que queria dizer "sim", mas minhas opiniões paravam por aí.

Senti uma grande emoção quando alguns parentes meus se prontificaram a ajudar. Tia Alice e tio Mack pagaram o jantar da véspera do casamento; minha tia-avó Martha, de Burlington, pagou o *brunch* no dia da cerimônia.

O dia do nosso casamento em março de 1980 estava ensolarado.

A Igreja Metodista em China Grove, feita de madeira, era linda e acolhedora, e tinha vitrais coloridos. As madrinhas usaram roupa bege-escuro; e os padrinhos, terno azul; o vestido de Susan era branco e de tecido macio; eu me apresentei de *smoking* para combinar com o vestido dela. As gardênias brancas de sua grinalda eram iguais às do buquê.

O pai de Susan oficiou a cerimônia, com o semblante radiante como o Sol. Quando, porém, ele segurou nossas mãos pouco antes da bênção final, sua expressão mudou; ele começou a tremer, mas conseguiu manter-se calmo durante o resto da cerimônia.

Com a ajuda da mãe, Susan cuidou de grande parte da recepção aos cerca de 300 convidados.

Após a lua de mel na bela ilha Kiawah, um pouco afastada do litoral da Carolina do Sul, voltamos ao nosso pequeno apartamento. Eu já estava gostando da vida de casado e sabia que seria feliz.

Algumas horas depois de chegarmos a Greensboro, o telefone tocou.

— Oi, Rob — meu primo Art disse. — Desculpe-me incomodar você tão cedo, porém tenho más notícias.

Ele fez uma pausa; meu coração se entristeceu profundamente.

Eu sabia o motivo daquela chamada. Quatro meses se haviam passado desde que Susan e eu estivemos em Chicago. Aquela visita e as notícias subsequentes me haviam preparado para o que ouviria a seguir. Fiz um gesto para que Susan ouvisse comigo.

— Gigi morreu na segunda-feira. Não quis atrapalhar sua lua de mel e não sabia quando você voltaria, por isso só comecei a ligar para este número ontem.

Tentei não desviar os pensamentos. —Você poderia me dar mais detalhes?

— Eu estava com Gigi no dia do seu casamento. Naquela tarde, ela perguntou o tempo todo quando você ia se casar. E eu repeti várias vezes: "Gigi, ele e Susan estão se casando hoje".

E Art prosseguiu: — Quando finalmente entendeu que você estava se casando naquele dia, ela dormiu e não recuperou mais a consciência. Permaneci em Chicago até a morte dela.

— Obrigado, Art. Você foi muito bom para ela. Lamento demais não ter estado presente.

— Sei que isso é muito difícil para você, Rob — Art disse gentilmente. — Ela o amava muito. Os médicos não souberam explicar como sua avó conseguiu ter uma vida tão longa. Ela ficou muito orgulhosa quando soube da sua formatura na faculdade. Mas continuou a preocupar-se por você estar sozinho. No dia do seu casamento, ela o transferiu para as mãos de Susan. Gigi gostou da sua nova esposa, você sabe.

— Sim, Art, eu sei — consegui responder. — Ela sempre prometeu que viveria até me ver formado na faculdade e casado.

— Tenho certeza de que ela se esforçou para viver até o dia do seu casamento.

Eu não conseguia falar.

Art prosseguiu, descrevendo as providências para o enterro de Gigi. Agradeci a bondade dele para comigo e principalmente o carinho demonstrado a Gigi.

Quando desliguei, Susan olhou para mim e aguardou.

— Vamos dar uma volta — eu disse, dirigindo-me à porta. — Você dirige.

Com lágrimas nos olhos, minha esposa dirigiu o nosso pequeno carro. Permaneci sentado ao lado dela, em silêncio.

Passei os braços ao redor do peito, encaixei as mãos nas axilas e comecei a balançar o corpo de um lado para o outro — como fiz tantas vezes na infância quando, com os olhos turvos de lágrimas, via Gigi partir.

Todas as vezes eu me perguntava se ela voltaria. Dessa vez, ela não voltaria mais.

Aquela mulher simples, pobre e devota me amou mais que a si própria. Deu-me tudo o que possuía, e agora não existia mais.

Eu não podia mais ligar para ela nas tardes de domingo nem apreciar sua carne assada à moda de Boston. Não podia mais dizer-lhe quanto a amava.

A realidade me deixou arrasado.

Rodamos por cerca de vinte minutos até Susan perceber que eu estava prestes a explodir de angústia. Assim que ela estacionou em um terreno deserto, o choro irrompeu com toda a força.

O pequeno carro começou a sacudir enquanto eu balançava o corpo para a frente e para trás, gemendo. O sofrimento era tanto que não podia ser expresso em palavras. Sem dizer nada, Susan abraçou-me, chorando comigo e por mim.

Quase meia hora depois, recostamos exaustos no banco, sem mais lágrimas para derramar.

Susan, então, levou-me ao lugar onde eu sempre quis estar.

O lar.

Epílogo

Vinte anos após a morte de Gigi, comecei a limpar algumas caixas velhas no sótão. Encontrei seu pequeno diário, escrito em caderno em espiral, com os seguintes dizeres:

> *Robby, querido.*
>
> *Você é o meu neto precioso. Espero que, quando crescer, seja forte no físico, no espírito e na mente; e seja bom cidadão e forte o suficiente para proteger as coisas nas quais acredita.*
>
> *Tenha sempre amor no coração — você terá sempre o meu amor.*
>
> *Vovó Gigi*

Encontrei também esta breve descrição do tempo em que minha mãe me raptou:

O Natal de 1962 e os primeiros meses de 1963 foram desagradáveis para Robby e para mim, mas no verão de 1963 a situação voltou ao normal.

As orações de Gigi pelo meu futuro e seu jeito decidido de lidar com o caos na minha vida ajudam a explicar uma parte do que sou hoje.

Sobrevivi ao abrigo onde cresci. No inverno de 2005, o Covenant Children's Home foi demolido. O lugar que abrigou tantas crianças rejeitadas não existe mais.

Felizmente, moro em um lar que jamais poderá ser demolido — o meu relacionamento com o meu Pai celestial. E aguardo o dia em que terei um lar permanente. A Bíblia diz em 2Coríntos 5.1: "Sabemos que, se for destruída a temporária habitação terrena em que vivemos, temos da parte de Deus um edifício, uma casa eterna nos céus, não construída por mãos humanas".

Recentemente, Susan e eu comemoramos vinte e seis anos de casamento fiel. Após vinte e dois anos como dona de casa, ela está cursando o mestrado em Divindade. De modo semelhante a muitos casais, alternamos tempos de maravilhosa e plena realização com períodos de grande estresse. Tenho a felicidade de dizer que ainda nos amamos — e que este cão de caça ainda a persegue pela casa.

Temos dois filhos bem cuidados. Alicia terminou a faculdade de educação cristã em três anos e graduou-se *cum laude*. Casou-se com Chad, um ótimo rapaz que está cursando direito.

Nosso filho, Luke, tem neste momento 19 anos. Está estudando música, aprendendo a usar sua voz e habilidades artísticas com a bolsa de estudos que ganhou, para tocar vários instrumentos em algum ministério cristão.

Quando Alicia e Luke se tornaram adultos, contamos parte da minha infância a eles. Também os levamos a Princeton para conhecerem o abrigo. Sou feliz por saber que eles jamais chegarão a entender tudo o que sofri.

Susan e eu também somos felizes porque nossos filhos têm a mesma fé de seus pais — e a vivem de forma plena e genuína.

Em 1985, passei a ser consultor financeiro. Os negócios trouxeram sucessos e fracassos, mas em 2002 uma revista importante da indústria me reconheceu como um dos corretores de projeção dos Estados Unidos.

Cumpri a promessa feita a Tony Martin, o jardineiro do abrigo, de nunca me esquecer dos "pequeninos", das pessoas como ele. Os muitos clientes meus são ricos, mas nunca desprezo o "pequeno" investidor.

Meu pai morreu em 1983, três anos após meu casamento com Susan. Houve uma cerimônia fúnebre para a família mais próxima;

o enterro ocorreu em um dia frio, úmido e de muito vento, com a presença de tia Alice, tio Mack e os três filhos e dois primos do meu pai.

Preferi uma cerimônia com caixão fechado, portanto a fotografia de meu pai continua a ser a única imagem que carrego dele na mente. Ainda usamos parte da mobília recebida da herança que lhe causou tanto sofrimento, bem como os cristais, as porcelanas e a prataria.

Mantenho contato com muitas pessoas do passado. Tio Mack e todos os meus tios-avós já faleceram, mas, até o momento em que escrevo este livro, converso com tia Alice e tio Mack e os visito. Art continua morando em Rockford.

Alguns anos atrás, quis saber notícias de Nola. Ela se aposentou e se casou quando já tinha mais idade. Paul, meu "colega" de abrigo, é como um irmão para mim. Também mantenho contato com Marv, Dave e Swaney e meus amigos missionários. Consegui localizar John, mas infelizmente perdi completamente o contato com Dapala, meu amigo africano.

Quase sempre, depois de ouvir partes da minha história, as pessoas perguntam: "Como você conseguiu sobreviver e ser a pessoa que é hoje?".

As respostas são complexas, mas a verdade fundamental é: não pude mudar os eventos e as circunstâncias que me foram impostos, mas pude escolher como reagir a eles. A marca de uma pessoa, assim me parece, não está na forma de ela agir, mas na forma de ela reagir.

A sociedade dizia que eu não passava de uma criança de abrigo, provavelmente destinada a ter uma vida levada pela correnteza, sem nenhum significado; eu morreria cedo ou seria preso. Decidi mudar a visão de quem eu era e a visão de quem eu seria. Os adultos que se preocupavam comigo tentaram ajudar-me, mas no fim das contas tive de pedir ajuda a Deus.

Quando recorri a Deus em busca da esperança oferecida a todos, independentemente de raça, língua ou cultura, aprendi que nada do que eu ou alguma outra pessoa faça, nenhuma violência ou apatia, nada que tenha acontecido ou venha a acontecer — inclusive a morte — pode separar-me do amor de Deus.[1] Esse amor ajudou-me a perdoar e libertou-me do meu passado doloroso — da mesma forma que tem ajudado muitas pessoas a perdoarem e encontrarem liberdade.

Meu objetivo ao contar esta história não é apenas o de levar esperança a outras crianças rejeitadas. É de fazer você lembrar que sua vida é muito importante.

Sempre há esperança quando encontramos o lar no qual não somos hóspedes. Acredito sinceramente que encontramos esse lar quando decidimos ter um relacionamento pessoal com Deus e comunhão com pessoas que também decidiram ter esse relacionamento.

Para mim, tudo começou com uma oração sincera: *Jesus, se és verdadeiro, entra neste meu pesadelo. Perdoa os meus pecados e me transforma.*

Desejo que você encontre as respostas enquanto enfrenta com esperança os problemas do passado, lida com as situações do presente e olha para o futuro. Que as escolhas que você faz nos permitam repetir juntos as palavras maravilhosas do ex-Saulo de Tarso:

> Irmãos, não penso que eu mesmo já o tenha alcançado, mas uma coisa faço: esquecendo-me das coisas que ficaram para trás e avançando para as que estão adiante, prossigo para o alvo [...] (Filipenses 3.13,14).

---

1 V. Romanos 8.38,39.

Uma nota aos educadores

Em geral, os professores são encorajados a terem em mente que outras vozes e culturas fazem parte do currículo. A verdadeira voz de uma criança abandonada e que foi um dos últimos "sobreviventes" de um abrigo americano talvez tenha uma voz e uma cultura diferentes.

Aqui está o que uma antiga professora de inglês do ensino médio há vinte e cinco anos disse a respeito desta história depois que sete de seus alunos da décima segunda série leram o rascunho de *O filho rejeitado*:

> "Trata-se de um trabalho extraordinário da literatura contemporânea que analisa os temas universais de solidão, rejeição, raiva, amargura e necessidade de perdão. Causou-me surpresa a ampla variedade de reações e principalmente a sinceridade com que os meninos reagiram e se tornaram totalmente engajados na causa".

Igualmente reveladoras foram as reações dos alunos do ensino médio ao manuscrito:

"Não consegui parar de ler. Suas perguntas no final do livro fizeram-me pensar muito".

"Muitos finais de capítulos deixaram-me em suspense. Senti as dificuldades com você, adorei o clima romântico com sua futura esposa, ri alto quando me identifiquei com sua falta de jeito com as garotas".

"O livro não traz apenas esperança para crianças como você, mas para todos nós".

"É uma história incrível, com aventuras extraordinárias".

"Estimulante".

"Gostei muito de como você me colocou dentro da sua cabeça, apreciei estar com você na luta para perdoar — e o fato de você não ter feito parecer fácil aquilo que é realmente difícil de fazer".

Se você é professor de línguas, literatura, sociologia, psicologia ou justiça juvenil, espero que considere usar esta história verdadeira como uma tarefa de leitura opcional. Quero estar lado a lado com você para tentar ajudar os alunos a ser tudo aquilo que eles têm capacidade de ser.

R. B. MITCHELL

O lar sueco Covenant Children's Home em Princeton, Illinois, como era durante a estada do autor. O prédio principal abrigava os dormitórios, os escritórios, o salão de jantar e sala para visitantes.

Joyce Mitchell, mãe do autor, ganha um abraço de Robby, aqui com dois anos. O pai do autor está à direita. Esta foto foi tirada em abril de 1957, seis meses antes da tentativa de suicídio de Robert.

Vovó Gigi com Robby, aqui com dois anos e meio.

No salão de jantar do lar, Robby está sentado à direita em primeiro plano.

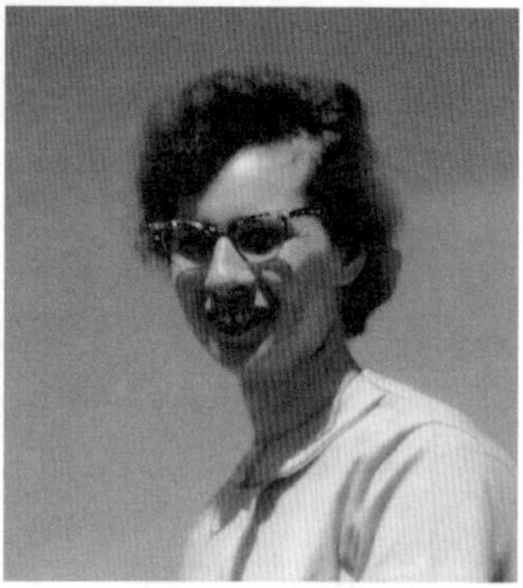

Nola, supervisora do dormitório dos Meninos Pequenos, chega um ano depois de Robby.

Doze residentes do dormitório dos Meninos Pequenos tomando um lanche. O autor, com quatro anos, é o primeiro do lado esquerdo.

Vovó Pauline, 1955.

Joyce Mitchell, a mãe do autor, em 1967. Ela havia acabado de ter alta de um hospital psiquiátrico estadual, e lutava para sobreviver em uma casa de passagem.

O autor obtém graduação pela Guilford College em 1977.

Susan Davis em 1975. "Lá estava a garota mais linda que eu já vira", escreveria Rob.

À esquerda, a barba controversa de Rob em 1978, durante a fase de seu relacionamento às vezes instável com Susan.

O verão daquele ano viu o autor mochilando no Grand Canyon, um ponto alto de seu "safári americano". Seu turismo pelos EUA não impressionou Susan, que não participou.

Rob e Susan se casaram em 9 de março de 1980, com o pai de Susan, Joe (no centro), realizando a cerimônia. O autor estava finalmente realizando sonho de ter uma família "de verdade".

Os filhos foram o passo seguinte. Nesta foto de 1988, Alicia, com dois anos e meio, e Luke, com um, achavam que subir no papai era um bom jeito de segurá-lo.

A família Mitchell em 2002. Da esquerda para a direita: Luke, Rob, Alicia e Susan.

Esta obra foi composta em *Bembo Std*
e impressa por Imprensa da Fé sobre
papel *Offset* 70 g/m² para Editora vida.